Verandermanagement in 28 lessen

'*Verandermanagement in 28 lessen* is een leesbaar, persoonlijk en origineel boek dat veel inzicht geeft in de praktijk van veranderen. Voor iedereen die van beweging houdt.'

Yvonne Burger, executive coach en hoogleraar Organisatiecultuur, communicatie en leiderschap

'De lessen van Jaap Boonstra zijn herkenbaar en bieden tegelijkertijd nieuwe perspectieven om succesvolle verandering te realiseren. De verhalen laten op bijzondere wijze zien hoe mensen en organisaties écht veranderen.'

Klaas Miedema, Senior Vice President Management Development, Ahold

'Jaap Boonstra heeft zijn leerervaringen als adviseur en bestuurder gebundeld en toegankelijk gemaakt voor anderen. Dat inspireert leiders en adviseurs om te kijken naar hun eigen ervaringen en om zelf het avontuur aan te gaan.'

Ard Pieter de Man, rector Sioo en hoogleraar Allianties, innovatie en kennisnetwerken

'De ervaringen in dit boek zetten je focus op scherp en helpen om meervoudig te kijken. De lessen zijn toegankelijk geschreven en bevatten zeer herkenbare voorbeelden. 28 lessen om ter harte te nemen.'

Peter Auf dem Brinke, voormalig Directielid Zwitserleven en voormalig Executive Board Member Life & Health, Swiss Re

'Jaap Boonstra kan goed kijken, scherp analyseren en mooi vertellen en, heel belangrijk, Jaap is soms verbaasd over zichzelf. Daar leer je van, ook als lezer. En soms moet je er hard om lachen.'

Hans de Bruijn, hoogleraar Bestuurskunde, docent NSOB en auteur van *Procesmanagement* en *Framing*

Verander-management

IN 28 LESSEN

Jaap Boonstra

Uitgeverij Business Contact
Amsterdam/Antwerpen

Voor iedereen die verlangt naar verandering

Zevende druk 2016

Uitgeverij Business Contact
Omslagontwerp en typografie binnenwerk Sander Pinkse Boekproductie
Foto auteur © Wiep van Apeldoorn
Drukkerij Wilco, Amersfoort

MIX
Papier van verantwoorde herkomst
FSC® C004472

ISBN 978 90 470 0632 9
D/2013/0108/723
NUR 801

Business Contact maakt deel uit van Uitgeverij Atlas Contact

www.businesscontact.nl
www.jaapboonstra.nl

'Reizen is naar jezelf kijken tegen een andere achtergrond.'
— *Jan Brokken*

Inhoud

Ambities verbeelden

Reizen door het onbekende

Omgaan met het onverwachte

Zoeken naar doorwaadbare plekken

Rust nemen en op krachten komen

Bespiegelingen

Over dit boek

Velen van ons staan midden in verandering. Organisaties zijn volop in beweging en dat merken we, als manager, medewerker, adviseur en leider. Zelf veranderen we ook omdat we onze dromen en ambities volgen of omdat die droom opeens wordt verstoord. Mensen hebben van veranderen zelfs hun beroep gemaakt. Ze werken aan verandering als verandermanager, projectleider, organisatieadviseur, ondernemer of bestuurder. De lessen in dit boek zijn reflecties en inspiraties voor mensen in verandering. Je kunt dit boek op meerdere manieren lezen.

Ben je manager, ondernemer of bestuurder?
Blader er dan eens op je gemak doorheen. Grote kans dat je ideeën opdoet die je kunt toepassen in de veranderingen waarmee je bezig bent. De reflecties in dit boek helpen je om veranderingsprocessen vorm te geven en nodigen uit om te reflecteren op je eigen rol. Je zult jezelf zeker in enkele verhalen herkennen.

Ben je verandermanager, projectleider of adviseur?
Bekijk dan eerst in welk moment van verandering je zit en begin met het hoofdstuk dat het beste aansluit bij het stadium waarin je nu bezig bent. Van daaruit kun je vooruitblikken om valkuilen te voorkomen of terugblikken om als leerervaring te gebruiken. De lessen helpen je om

van veranderingen een succes te maken en om jezelf te ontwikkelen als professional.

Ben je medewerker in een bedrijf?
Is er net een organisatieverandering afgekondigd of zit je er middenin, kies dan een van de lessen waarvan de titel je het meest prikkelt of aanspreekt. Grote kans dat je je herkent in het verhaal. De lessen kunnen je helpen om niet afwachtend te zijn, maar zelf een rol te spelen in de verandering.

Ben je als student geïnteresseerd in organisatieverandering?
Dan is het handig om het boek van voor tot achter te lezen. Uit de verhalen krijgt je een goede indruk hoe een veranderingsproces wordt opgebouwd en wat er allemaal bij komt kijken. Als je eerst een overzicht wilt hebben, kun je ook beginnen met de bespiegeling achterin. Tijdens het lezen van sommige verhalen kun je verrast zijn over de eenvoud van veranderen. Bij andere verhalen kun je je juist verbazen over de onzichtbare complexiteit.

Ben je de partner van een manager of adviseur?
Dan is het leuk om te lezen waar al die mensen in organisaties zich toch zo druk over maken (en waarom je partner vaak nog 's avonds moet werken). Er valt zeker wat te lachen met de verhalen in dit boek.

Veranderen als avontuur

Elk jaar trek ik een paar weken de bergen in om nieuwe energie op te doen. Tijdens zo'n tocht is er ruimte om te mijmeren en terug te kijken op het afgelopen jaar. Ik stel mezelf dan drie vragen: Wat heeft me plezier en energie gegeven? Ben ik tevreden met wat ik doe en wie ik ben? Welke route zie ik voor me het komende jaar en de jaren daarna? Bergwandelen is een passie vanwege de schoonheid van de natuur en de rust die dat geeft terwijl ik fysiek bezig ben. Een bergtocht is voor mij een avontuur dat ik graag met vrienden beleef.

Het veranderen van organisaties is voor mij ook een avontuur, net als een bergtocht door een onbekend landschap. Het is als een ongeorganiseerde reis waaraan je begint als je goed bent voorbereid. Veranderen doe je zelden alleen, zeker niet in organisaties. Je zoekt je reis- en lotgenoten en trekt samen op. Een Chinees spreekwoord luidt: Voor je op reis gaat, moet je eerst gaan zitten. Je vraagt je af hoe het landschap eruitziet en hoe het klimaat is. Je kiest je metgezellen en vraagt hun om mee op pad te gaan. Je kijkt op de kaart naar hoogteverschillen en overweegt mogelijke routes. Je bespreekt met je reisgenoten de mooiste route en je spreekt af wat je onderweg meeneemt.

De eerste dag ga je vroeg op pad, want je wilt van de tocht genieten en niet te laat je tent opzetten. De kaart is handig om je weg te vinden. Maar de kaart is niet het landschap. Het landschap is kleurrijker, impressiever,

2

Moedeloos

Je gevoel serieus nemen en verbinding aangaan

Op enig moment werd ik gebeld door een bankdirecteur. Of hij me mocht uitnodigen voor een gesprek over een veranderproces dat bij de bank speelde. Hij wilde graag mijn mening horen. In het telefoongesprek liet hij al doorschemeren dat de verandering niet helemaal volgens plan verliep. Daarmee was mijn nieuwsgierigheid gewekt en ik besloot op zijn uitnodiging in te gaan.

Dinsdagmiddag meldde ik me bij de receptie van de bank. Het was een statige hal met klassieke schilderijen van Hollandse landschappen en portretten van deftige mensen. Al snel werd ik opgehaald en naar een kamer begeleid waar een oudere heer me tegemoet trad.

'Fijn dat u er bent. Ik wil graag uw visie horen op een veranderproces waarmee we hier bezig zijn.' En hij stak van wal. 'We zijn bezig met de integratie van bank- en verzekeringsactiviteiten. We zijn ervan overtuigd dat dit de toekomst is. Op die manier kunnen we klanten beter van dienst zijn en hun meer producten bieden. We zijn goed begonnen en hebben alles duidelijk uitgelegd. Maar toen we eenmaal begonnen met de implementatie bleek dat er toch veel niet duidelijk was. We kwamen geen stap verder.'

Professioneel vroeg ik: 'Wat hebt u precies gedaan?'

Uit zijn antwoord bleek dat het nieuwe bedrijfsconcept op krachtige wijze was gepresenteerd. Er was een projectgroep aangesteld met managers uit beide onderdelen en die hadden een duidelijke opdracht gekregen.

'Hoe is het verdergegaan?' vroeg ik rustig.

Op deze vraag volgde een diepe zucht. 'We hebben van alles gedaan. De bedrijfsprocessen zijn in kaart gebracht, we hebben een front- en backoffice ingericht, er zijn salesmanagers aangetrokken en opgeleid, we hebben nieuwe diensten ontwikkeld en in de markt gezet.' Terwijl de directeur dit vertelde, kreeg ik een drukkend gevoel in mijn maag. 'Waar hebben deze acties toe geleid?'

Het bleef even angstvallig stil. 'Tot ellende. We zijn geen stap opgeschoten. De mensen uit het bankbedrijf wilden niets te maken hebben met verzekeringen. En de verzekeraars hadden allemaal redenen waarom volgens hen banken en verzekeringen niet samen konden. De directeur bankzaken en de directeur verzekeringen praten niet meer met elkaar, de integratie is vastgelopen en de projectleider zit overspannen thuis.'

Het drukkende gevoel in mijn maag werd sterker en terwijl ik dacht: wat hebben ze dit onhandig aangepakt, vroeg ik: 'Wat merkt de klant ervan?'

De directeur keek somber. 'Niets... nou ja, niet in positieve zin. Vooral de vermogende klanten hebben klachten dat ze met te veel mensen te maken hebben en producten krijgen aangeboden waar ze niet op zitten te wachten. Ze zijn heel duidelijk eigenlijk: ze willen gemak, maar krijgen gedoe.'

Ik begon me steeds moedelozer te voelen, maar toch stelde ik nog een vraag. 'Wat hebt u hier tot nog toe zelf aan gedaan?'

Opnieuw weer een stilte, die nu pijnlijk werd. 'Tja, samen met het externe bureau heb ik het strategieproces geleid. Ik heb de projectleider aangesteld met een duidelijke opdracht, en natuurlijk de directeuren aangesproken dat ze echt moeten gaan samenwerken.'

Terwijl hij praatte, kon ik alleen maar denken: dit is

vreselijk. Deze man verdient zes ton per jaar en heeft alles onhandig aangepakt. Hij heeft geen visie en neemt geen leiding. Ik voelde me moedeloos en alles in mij schreeuwde dat ik geen rol wilde spelen in deze verandering. Op hetzelfde moment voelde ik een knoop in mijn maag en besefte ik dat ik nooit professioneel kon handelen als ik zo over hem dacht. Wat te doen in zo'n situatie?

Ik reageerde vanuit mijn gevoel. 'Door uw verhaal voel ik mij heel moedeloos. Ik zie voor mijzelf geen rol weggelegd.'

Verbaasd keek de directeur me aan. 'Hebt u dat nu ook? Ik dacht dat ik de enige was.'

Zijn blik was veranderd en zijn houding straalde nu verslagenheid uit. Daar zaten we dan.

Op zachte toon ging hij verder: 'Wat maakt dat u zich moedeloos voelt?'

Ik vertelde hem dat ik het idee had dat alles ontzettend dom was aangepakt, dat ik al jaren bezig was om kennis over veranderen over te dragen en daar kennelijk niet in geslaagd was.

De directeur schrok zichtbaar en na enige tijd vroeg hij met emotie in zijn stem: 'Maar wilt u dan niet juist in deze situatie uw kennis delen?'

Als er eenmaal op gevoelsniveau toenadering is en je elkaar diep in de ogen hebt gekeken, is de basis van de relatie gelegd en is het lastig om dat te verbreken. Pas wanneer iedereen in een gesprek zijn zwakke kant durft te tonen, wordt het de moeite waard om samen aan de slag te gaan. Het veranderproces bij deze bank heb ik samen met de directeur aangepakt en we hebben veel geleerd van het proces en van elkaar. De belangrijkste leerervaring is misschien wel dat uit moedeloosheid nieuwe energie kan voortkomen en uit toenadering waardering kan ontstaan. Juist in het begin van een veranderingsproces zijn vertrouwensrelaties essentieel om er iets van te kunnen maken.

3

Weten waarvoor je staat en gaat

Onbevangen waarnemen en waarderend verkennen

Na vijftien jaar advieswerk in de financiële wereld wilde ik me inzetten voor onderwijs, jeugdzorg en veiligheid in buurten en wijken. Er was in die tijd sprake van een tekort aan leerkrachten, een hoge uitval van leerlingen en van geweld in het onderwijs. Mijn aandacht werd getrokken door een reeks krantenartikelen over een privéschool in Zuid-Holland.

'Een kapitalistische zakkenvuller die gestopt moet worden,' luidde de kop van een krantenartikel. 'Dit is typisch een voorbeeld van een tweedeling in de samenleving waarin rijke mensen goed onderwijs regelen voor hun kinderen en andere kinderen een achterstand houden,' was de strekking van een ander krantenartikel. 'Als het om bijzonder onderwijs gaat, moet er ruimte voor zijn en anders moet het verboden worden,' was een derde mening.

Dat hier iets aan de hand was, was duidelijk want de kranten stonden er vol mee. Omdat onderwijs mij boeide, besloot ik met de directeur van die privéschool contact op te nemen.

'Goedemiddag. U spreekt met Jaap Boonstra. Ik ben al een tijd bezig met vraagstukken in het onderwijs. Nu staan u en uw school in alle kranten en ik vroeg me af of ik eens met u mag komen praten.'

De stem aan de andere kant reageerde vriendelijk. 'Maar natuurlijk. U bent van harte welkom. Wanneer wilt u langskomen?'

Ik was enigszins verbaasd over dit antwoord. 'Maar hebt u het niet heel druk? U staat in alle kranten.'

Het antwoord was treffend: 'Ach meneer, ik sta wel in alle kranten en er wordt veel over me gepraat, maar er wordt niet met me gepraat. U bent de eerste die belt. U bent van harte welkom.'

Op een woensdagmiddag liep ik de school binnen. De school deed vertrouwd aan. Ik werd begroet door Frans, het schoolhoofd. In zijn kamer opende ik het gesprek om het ijs te breken: 'Mag ik u eens vragen: wat maakt dat u een privéschool bent begonnen?'

Frans keek me aan. 'Dat is een lang verhaal. U moet weten, onderwijs is mijn lust en mijn leven. Het geeft me energie als ik de toekomst in de ogen van kinderen zie. Ik ben onderwijzer en dat is waarvoor ik sta. Ik was eerst hoofdonderwijzer op een kleine school in Friesland. Dat was geweldig. Je kende alle kinderen en alle ouders. De school maakte deel uit van de gemeenschap. Maar ja, op een zeker moment werd die school te klein om voor bekostiging in aanmerking te komen. Toen is er een fusie geweest met een andere school en werd ik schoolhoofd van de gefuseerde school. Dat proces heeft zich zes keer herhaald. Op een gegeven moment was ik directeur van een scholengemeenschap van negenhonderd leerlingen. Ik was alleen nog bezig met roosters, reglementen, onderhoud van de gebouwen, financiering, onderwijsvernieuwing, noem het maar op. Ik zag geen enkele leerling meer. Toen heb ik mijn passie verloren en ben ik zwaar overspannen geraakt. Dat heeft me de mogelijkheid gegeven om na te denken over waarvoor ik eigenlijk sta. Ik ben onderwijzer en ik wil bijdragen aan de toekomst van kinderen. Dat is mijn vak en dat is wat ik wil doen. Mijn droom was dat ik weer kon werken in een kleine school waarin ik alle ouders ken. Want als je de ouders kent, ken je de leerlingen. Dan weet je wat er speelt en kun je de kinderen van dichtbij in hun ontwikkeling meemaken. Dan maakt de school weer deel uit van de gemeenschap. Ik heb toen uitgerekend dat ik ongeveer honderdvijftig ouders persoonlijk kan kennen. Dat komt neer op een school met ongeveer honderd leerlingen. Maar ja, dat ging niet want dat paste niet in de richtlijnen. Ik heb van alles geprobeerd: gesprekken op het ministerie, compensatieregelingen, experimenteeraanvragen. Niets kon. Het enige wat me restte was het starten van een privéschool.'

Onder de indruk van zijn verhaal vroeg ik Frans: 'Maar hoe zit het dan met een tekort aan leraren?'

'Nou, daar heb ik zeker geen last van. Het gaat als een lopend vuurtje dat we hier weer echt aandacht hebben voor de leerlingen. Per week krijg ik twaalf open sollicitaties van mensen die hier willen werken.'

'En het ziekteverzuim? Hoe wordt dat opgevangen, want dat is een ander argument voor grootschalig onderwijs.'

Dat was volgens Frans geen probleem. 'Het verzuim komt grotendeels door zwangerschap. Nou, dat weet je maanden van tevoren, dus dat kun je regelen. En bij langdurig ziekteverzuim kun je ook snel een oplossing vinden. Het opvangen van kortlopend verzuim is helemaal geen probleem, dat zijn de leukste lessen.'

Verbaasd keek ik hem aan. 'Ja, dan vragen we ouders om in te springen. Die kennen we allemaal. Die geven dan les over hun beroep of over hun passie. Een betere beroepenvoorlichting kun je niet wensen. Het zijn vaak de meest inspirerende lessen. En de ouders voelen zich zo nog meer betrokken bij de school.'

'En geweld op school?'

Nu keek Frans mij verbaasd aan: 'We kennen alle leerlingen en hun ouders. We weten wat er speelt. Geweld komt hier niet voor. Als het gebeurt, zien we dat aankomen en dan werken we daaraan.'

Het idee dat het hier ging om een kapitalistische zakkenvuller kon de prullenbak in. Van een tweedeling in het onderwijs was geen sprake. Bijzonder onderwijs of niet, dat deed er niet toe. Frans weet wie hij is en wat hij wil zijn. Hij weet waarvoor hij staat en waarvoor hij gaat. Vanuit eigen kracht heeft hij initiatief genomen en vernieuwing mogelijk gemaakt. Als je weet waarvoor je staat en waarvoor je gaat, dan ben je bereid om tegen de stroom in te gaan en zo vernieuwing te realiseren.

Het verhaal van Frans kwam bij de Onderwijsraad terecht. De Onderwijsraad adviseerde de minister om weer ruimte te maken voor kleinschalig onderwijs en dit soort onderwijs is nu weer mogelijk. Vernieuwing vindt niet plaats in de kern van het systeem maar aan de randen, daar waar mensen verschil weten te maken.

De vraag voor verandermanagers, politici en bestuurders is of je bereid bent om je oordeel uit te stellen en onbevangen op zoek te gaan, en of je in staat bent om waarderend te kijken naar wat er gaande is.

4
Schaarste en overvloed

Op zoek naar de kracht voor vernieuwing

De stemming in Nederland is somber. We leven in een van de rijkste en veiligste landen ter wereld, maar we klagen over gebrek aan veiligheid en leefbaarheid. Onze kinderen zijn de gelukkigste ter wereld, maar we zijn van mening dat onderwijzers en jeugdhulpverleners hun werk niet goed doen. We mopperen over stijging van de ziektekosten, verhoging van de pensioenleeftijd, de hoogte van de werkloosheid en dat de treinen niet op tijd rijden. We lijken aan van alles gebrek te hebben en hebben meer oog voor de schaarste dan de rijkdom in ons leven.

Op het moment dat in Nederland de discussie losbarstte over schaarste en de noodzaak van nieuwe bezuinigingen was ik in Zuid-Afrika, in Soweto, een voorstad van Johannesburg. In Soweto wonen ongeveer 4 miljoen mensen in circa negentig wijken. Er is een werkloosheid van zestig procent en er is armoede. De meeste mensen wonen in krotten die zijn opgebouwd uit golfplaat en karton. Aids is een groot probleem. Soweto roept bij veel mensen beelden op van geweld, verkrachtingen, moord, opstand en onveiligheid. En zo was het ook tien jaar geleden. Soweto was een 'no-go-area' waaruit de officiële instanties van Johannesburg zich hadden teruggetrokken. Politie liet zich niet zien. Scholing was er nauwelijks. Vuilnis werd niet opgehaald en stapelde zich op. De situatie leek uitzichtloos. Totdat kunstenaar Mandla Mentoor het besluit nam dat hij niet wilde leven in een buurt waar kunst niet mogelijk was.

'Ik stond voor de keuze: wie en wat wil ik zijn? Ik wil Mandla zijn, een trotse, zwarte kunstenaar die met zijn kunst bijdraagt aan het leven. Maar wat kan ik doen in een omgeving waar niets is? Toch wist ik, als ik niets zou doen was de kans groot dat ik in plaats van kunstenaar een moordenaar zou worden óf vermoord zou worden.'

Het aangrijpingspunt voor vernieuwing was het bijeenbrengen van kinderen wier ouders aan aids waren overleden. De kinderen plantten bloemen aan de rand van een heuvel die in een metershoge vuilnisbelt was veranderd. Mandla vertelde hierover: 'In elke situatie zijn er mogelijkheden en is er hoop op verbetering. In elke situatie is er ook energie en positieve kracht voor vernieuwing. Het is de kunst die te ontdekken. Je moet begrijpen dat Soweto een zwarte township is. In de zwarte gemeenschap is er respect voor de natuur, voor voorouders en voor kinderen. Vanuit die positieve kracht was het eenvoudig om kinderen bij elkaar te brengen om bloemen te gaan planten voor hun overleden ouders.'

Op de vraag van Mandla of de kinderen wilden blijven leven in deze uitzichtloze situatie was het antwoord: 'Nee!' Maar wat konden ze doen? Er was gebrek aan werk, scholing, gezondheidszorg, veiligheid. Totdat het denken werd omgekeerd en aan de uitzichtloze situatie een nieuwe betekenis werd gegeven: er was een overvloed aan arbeidskrachten, aan grondstoffen in de vorm van afval, en aan energie om verschil te willen maken.

Onder leiding van Mandla gingen kinderen afval zien als grondstof. Afval werd opgehaald en gescheiden. Van plastic werden hoedjes en badmatjes gemaakt. Van oud papier werd nieuw papier gemaakt dat op scholen kon worden gebruikt. Van onbruikbaar papier werd papier-maché gemaakt dat als grondstof kon dienen voor kunst. Van oude vaten werden trommels gemaakt. Dit stimuleerde anderen tot het maken van andere muziekinstrumenten uit de afvalberg. Zo ontstond kunst en muziek, werd de afvalberg weggewerkt en vonden mensen in de wijk een nieuwe identiteit.

Op mijn vraag wat er zo mooi was aan muziek maken antwoordde Phaswane, een zwarte trommelaar van een jaar of zestien: 'Het is mooier muziek te maken dan mensen te vermoorden. Ik ben opgegroeid in een situatie waarin moord veel voorkwam, waarin ik voor de keuze kwam te staan zelf te moorden of vermoord te worden. Die tijd heb ik achter me gelaten. Muziek maken is mooier.' Dezelfde Phaswane trekt nu met zijn muziekgroep en een jeugddansgroep de wereld over om muziek te maken en te dansen. Het geld dat hij daarmee verdient gaat terug naar de gemeenschap.

Inmiddels zijn er meer dan twintig groepen actief in de wijk. Naast de muziekgroep en de kunstgroep zijn er groepen voor onder meer afvalverwerking, omgevingsinrichting, onderwijs, kledingherstel, maaltijden, dans, media en toerisme. De groepen organiseren zichzelf. Ze komen geregeld bijeen om elkaar vragen voor te leggen, advies te geven, te steunen en nieuwe initiatieven te ontwikkelen. Inmiddels is het afval de wijk uit. De vuilnisbelt is weer een heuvel met een parkachtig landschap waar mensen uit aangrenzende wijken elkaar kunnen ontmoeten. De oude watertoren op de heuvel die vroeger een schuilplaats was voor jeugdbendes is nu een symbool van vernieuwing. De oude autobanden die vroeger werden gebruikt voor halskettingmoorden dienen nu als bouwmateriaal voor een gemeenschapshuis.

Moord, verkrachtingen en berovingen zijn zeldzaam geworden. Vanuit identiteit, betekenisgeving en zelforganisatie is een nieuwe gemeenschap ontstaan die

Als we een eerste idee hebben waar we naartoe gaan, verdiepen we ons beter in het landschap, de mensen die er wonen en het klimaat. We willen een zo goed mogelijke indruk krijgen van wat ons te wachten staat en mogelijke routes uitzoeken. We willen weten wat en wie we in het gebied tegen kunnen komen. We kiezen ook ons reisgezelschap. Eigenlijk maken we al een impressie van het gebied en de uitdagingen die ons te wachten staan.

5
Jezelf blootgeven

Culturele verschillen als bron voor verandering

Een aantal jaren terug reisde ik naar Finland. Een bedrijf had me uitgenodigd voor een gesprek over innovatie van producten. Het management worstelde met de vraag hoe de ontwikkeling van nieuwe producten het beste kon worden georganiseerd. Er bestonden twee tegengestelde meningen. De marketeers wilden de ontwikkelfunctie binnen de business-units onderbrengen omdat daar informatie is over klantwensen. De technici zagen meer in een centrale ontwikkelfunctie om optimaal gebruik te kunnen maken van nieuwe technische mogelijkheden. Het topmanagement had nog geen beslissing genomen, maar mij uitgenodigd om mee te denken.

Op dinsdagmiddag meldde ik me bij het bedrijf. 'Ah, ja, daar bent u. Welkom, we hadden al op u gerekend. U bent wat vroeg, maar dat geeft niet. U kunt wel alvast doorlopen naar de vergaderlocatie. Die is beneden, u kunt het beste die trap nemen.'

Ik nam de trap en kwam plotseling in een saunacomplex. Er was niemand. Net toen ik me afvroeg of ik wel goed zat, kwam een man de trap af. 'Hartelijk welkom, u moet de heer Boonstra zijn. Fijn dat u er bent.' De man stelde zich voor en begon zich vervolgens uit te kleden. Ik stond wat ongemakkelijk te kijken toen ook Aarne, de directievoorzitter, de trap af kwam. Hij verwelkomde me hartelijk en vroeg of ik een goede reis had gehad. Vervolgens begon ook hij zich uit te kleden. Toen hij mijn wat verbaasde blik zag, schoot hij in de lach. 'Ach, ja natuurlijk, dat had ik bij onze eerdere ontmoeting niet verteld. We houden onze strategische besprekingen altijd hier beneden en genieten dan eerst met elkaar van een sauna.'

Een kwartier later zat ik met elf naakte mannen en vrouwen in een erg warme sauna. In de sauna werd eerst een kwartier lang niets gezegd, alleen gezweet. Daarna nam iedereen een koude douche, sprong in een ijskoud dompelbad, deed een badjas aan en nam plaats in de relaxruimte. Daar lichtte Aarne de centrale thematiek kort toe en hij legde uit wat er op het spel stond voor het bedrijf. Hij nodigde zijn collega's uit na te denken over hun eigen standpunt en om zich te verplaatsen in de perspectieven van anderen. Vervolgens werd er twintig minuten gerelaxt en gezwegen.

Na deze saunagang ging een glazen schuifwand open naar een lichte ruimte waar een tafel stond vol fruit en vruchtensappen. Opnieuw nam Aarne het woord om de centrale vraag toe te lichten en hij nodigde de aanwezigen uit om hun perspectief te delen. Op een rustige manier werden de standpunten uiteengezet. Daarna werd er mijn kant op gekeken en de vraag gesteld of ik mijn ervaringen met de organisatie van productinnovatie wilde delen. Mijn voorbereide presentatie paste niet in deze sfeer en was overbodig. In de sauna had ik rustig nagedacht over de thematiek. Tijdens het relaxen had ik me verdiept in de betekenis van die thematiek voor het bedrijf en de standpunten die bestonden. De rust en de ruimte maakten dat ik rustig mijn ervaringen kon inbrengen, en vragen kon beantwoorden.

Na drie kwartier kwamen er geen nieuwe gezichtspunten meer op tafel. Aarne bedankte iedereen voor zijn en haar inbreng, vatte de standpunten samen en nam een besluit hoe het bedrijf de innovatie van producten zou organiseren. Het was een weloverwogen besluit.

Na afloop liep ik met Aarne mee. In zijn kantoor verontschuldigde hij zich dat hij me niet had verteld dat strategische besprekingen altijd begonnen met een gemeenschappelijk bezoek aan de sauna. Dat was zo vanzelfsprekend voor hem en zijn collega's. Ik vertelde op mijn beurt dat ik onder de indruk was. Binnen anderhalf uur was een lastig en zwaarwichtig besluit genomen waar mensen in Nederlandse bedrijven maanden over kunnen bakkeleien.

'Een sauna helpt. Iedereen geeft zich bloot, voelt de hitte, begrijpt het belang. En er ontstaat een gemeenschappelijke sfeer. Bovendien laten de mensen operationele beslommeringen achter zich en ontstaat ruimte om strategisch te denken.'

Ik herkende wat Aarne me vertelde en terwijl hij me lachend aankeek vroeg hij: 'Maar volgens mij kom jij vaker in de sauna en durf je je ook bloot te geven, of heb ik daarin ongelijk?'

Het kan bij lastige beslissingen geen kwaad om rust te nemen. Die rust kun je benutten om de essentie van een beslissing tot je door te laten dringen. Het kan ook geen kwaad om je te verplaatsen in het standpunt van de ander. In veranderingsprocessen helpt het om de hitte op te zoeken en verschillen bespreekbaar te maken. Nieuwe gezichtspunten van onbekende spelers kunnen helpen om gefixeerde standpunten los te weken. Daarmee ontstaat ruimte om anders naar je eigen situatie te kijken en op zoek te gaan naar oplossingen die het eerdere conflict overstijgen.

Andere culturen en andere gezichtspunten zijn vaak een bron van verbazing en verwarring. Soms leiden die verschillen tot onhandigheid of conflict, maar bijna altijd dragen cultuurconfrontaties bij aan nieuwe inzichten over jezelf, je bedrijf en de ander. Daarmee ontstaat ruimte voor strategische vernieuwing.

Bij de start van veranderprocessen is het de kunst om anders te kijken naar de problematiek die speelt, naar de spelers die elkaar bestrijden en naar oplossingsmogelijkheden die verder gaan dan gebaande paden.

6

Angsthazen

Over het betreden van de plek der moeite

In de jeugdzorg is veel gaande. Professionals doen hun uiterste best om bij te dragen aan de toekomst van kinderen. Dat is niet altijd eenvoudig. Neem een modaal multiprobleemgezin. Vader is aan de drank en slaat ma. Ma is daardoor onder psychiatrische behandeling. Zoonlief van negen is uit huis geplaatst vanwege de onveilige situatie thuis. De andere zoon van veertien weet zich te redden. Hij is klaar met school (vindt hij zelf) en erg blij met zijn nieuwe scooter (waarvan niemand weet hoe hij daaraan komt). De dochter is ondergebracht in een veilige omgeving omdat ze onder invloed staat van een loverboy. Dit gezin krijgt hulp van twaalf hulpverleners uit jeugdzorg, bijstand, buurthulp, schuldhulpverlening, geestelijke gezondheidszorg, maatschappelijk werk, het onderwijs, de politie en de woningcorporatie. Het gezin heeft te maken met het beleid van zeven ministeries. Dat leidt tot veel beleidsdrukte. Professionals in de jeugdzorg raken daardoor bekneld en het gezin is er niet mee geholpen.

Om de uitwerking van het jeugdbeleid te ervaren nodigde ik eens vijftien rijksambtenaren uit om op een middag een probleemwijk te bezoeken en in gesprek te gaan met probleemgezinnen. Dat leidde tot een heftige discussie. 'Ja maar, dat kan zo maar niet,' was de eerste reactie op mijn uitnodiging. Dat maakte me nieuwsgierig en ik vroeg door. De argumenten waren talrijk. Enkele argumenten gingen

Na enige aarzeling kwam het hoge woord eruit: 'Je moet weten, ik ben getrouwd. Gelukkig getrouwd zelfs en we hebben twee leuke kinderen. Maar ik heb ook een seksuele relatie met iemand van de andere afdeling. Daar weet niemand iets van. Ik zou niet weten wat ik moet doen als die afdelingen bij elkaar komen en ik haar baas zou worden. Dat gaat gewoon niet.'

De afdelingen zijn uiteindelijk geïntegreerd en het afdelingshoofd is het hoofd geworden van de nieuwe afdeling. De minnares heeft een goede plek gevonden op een andere afdeling. De nieuwe afdeling functioneert beter dan voorheen. Het afdelingshoofd heeft zich later bij mij verontschuldigd en me bedankt dat ik hem keer op keer serieus nam en steeds opnieuw aan het werk ging zonder het hogerop te zoeken. Hij was blij dat hij me in vertrouwen had genomen, want de integratie van de afdelingen was goed voor de bedrijfsvoering, maar hij wist echt niet hoe hij die situatie moest hanteren en voelde zich daardoor enorm bezwaard.

Door deze gebeurtenis is mijn kijk op organiseren verrijkt. Niet alles is rationeel in organisaties. De vlag dekt niet altijd de lading. Wat rationeel lijkt, is dat niet altijd en argumenten verbergen soms wat er echt speelt. Achter irrationele argumenten zit steevast een verhaal. De vraag is of je dat verhaal boven tafel kunt krijgen door de verteller en zijn verhaal serieus te nemen. Sommige onderwerpen zijn lastig bespreekbaar. Seks bijvoorbeeld. Door deze ervaring heb ik ook ontdekt dat seks op het werk vaker voorkomt dan ik ooit had gedacht.

8

Overtuigen en communiceren

Werkelijk contact maken in een open dialoog

De diagnose was zeer geslaagd en we hadden in het projectteam goed zicht gekregen op de problemen van de organisatie. De omgevingsverkenning had een helder perspectief opgeleverd over kansen en bedreigingen voor de organisatie. De concurrentieanalyse gaf een goed beeld van de sterkten en zwakten van de onderneming. De bedrijfsprocessen waren in kaart gebracht, waarbij vooral de enorme complexiteit opviel. Maar het meest enthousiast waren we toch wel over het vragenlijstonderzoek. Alle medewerkers en leidinggevenden hadden een vragenlijst voorgelegd gekregen. Dit was in gescheiden groepen gedaan, want de angst bestond dat medewerkers de lijsten niet wilden invullen als er leidinggevenden bij zouden zijn. Alles moest wel vertrouwelijk blijven. Door de vragenlijst hadden we een duidelijk beeld gekregen van de werkstromen, welke problemen zich voordeden in het werk, de arbeidsmotivatie, de waardering voor de stijl van leidinggeven, de bedrijfscultuur en de houding van medewerkers ten opzichte van het werk en de leidinggevenden. De respons was enorm hoog; meer dan tachtig procent en voor leidinggevenden zelfs nog hoger. Een geweldig resultaat. We wisten hoe het zat, en daarmee hadden we ook een beeld wat er moest veranderen.

De terugkoppeling van de resultaten uit de diagnose naar de groepen medewerkers ging fantastisch. In heldere presentaties werden de uitkomsten gedeeld. Vooraf waren drie vragen met post-its uitgedeeld: Wat vind je herkenbaar? Wat vind je verrassend? Waar heb je een vraag over? De post-its met de opmerkingen werden op een muur geplakt. Aan de hand daarvan ontstond er als vanzelf een gesprek over de uitkomsten. Er was vooral veel herkenning, zeker waar het de onduidelijke strategie en de rol van de leidinggevenden betrof. De complexiteit van de klant- en bedrijfsprocessen was voor niemand verrassend. Wel was het verrassend dat door de verregaande taakdeling enorme wachttijden ontstonden en dat klanten daarover ontevreden waren. In de groepsbijeenkomsten voelde je de energie en de wil om te veranderen.

Hoe anders was dat met de bijeenkomsten met de leidinggevenden. De eerste sessie was ronduit dramatisch. Ik had de presentatie goed voorbereid; er was geen speld tussen te krijgen. Het verhaal was gedetailleerder dan bij de medewerkers en toegesneden op het gedrag en de positie van de leidinggevenden. Al tijdens de presentatie voelde ik het klimaat killer worden. Direct na de presentatie kwamen talloze kritische vragen en opmerkingen: Was het onderzoek wel gebaseerd op een representatieve steekproef? De vragenlijst was vooringenomen, dat was al direct opgevallen. Waren er wel deugdelijke analyses uitgevoerd want in het echt ging het toch heel anders? Het onderzoek was alweer drie maanden oud dus was het een achterhaald beeld. Waren de onderzoekers wel onafhankelijk? De presentatie was toch wel een heel academisch verhaal. Hoe zorgvuldiger ik een antwoord gaf, hoe meer tumult er losbarstte. Tot een gesprek is het niet gekomen.

Terugkijkend op het verschil tussen de bijeenkomsten met medewerkers en de eerste bijeenkomst met de leidinggevenden, bleek dat met de medewerkers een open gesprek ontstond. De post-its hebben daaraan bijgedragen, maar dat was niet het enige. De medewerkers herkenden zich in de gegevens en voelden zich erkend in hun opvattingen. Bij de leidinggevenden ontstond geen gesprek. De gegevens werden ervaren als aanvallend naar hun rol en gedrag en de leidinggevenden voelden zich miskend in hun opvattingen en ervaringen. Ze voelden zich betrokken bij het bedrijf en verantwoordelijk hoe het eraan toeging, maar daar was geen enkele aandacht voor. In plaats van een open gesprek werd het een debat over de objectieve waarheid van het onderzoek en de onderzoeksmethoden. De leidinggevenden bleken zich op te stellen als de 'wachters' van de cultuur die ze mede hadden vormgegeven.

De tweede bijeenkomst met een andere groep leidinggevenden heb ik anders aangepakt. Eerst is aan de leidinggevenden gevraagd wat ze dachten dat uit het onderzoek zou komen. Daaraan is in kleine groepen gewerkt en die beelden zijn aan elkaar gepresenteerd. Na een korte pauze heb ik verteld wat wij tijdens onze diagnose hadden gevonden. Tijdens dit verhaal is globaal belicht welke overeenkomsten we zagen met de beelden van de leidinggevenden en waar verschillen naar voren kwamen. Vervolgens was de vraag of we met elkaar de verschillen konden begrijpen. Deze bijeenkomst ging heel soepel. De beelden van de leidinggevenden waren op sommige punten negatiever dan wat uit de diagnose naar boven kwam. Op andere punten waren de uitkomsten van de diagnose een bevestiging en verdieping van wat de leidinggevenden zelf naar voren brachten. Op enkele punten was de diagnose negatiever dan wat de leidinggevenden zelf dagelijks ervoeren. Het gesprek was uitermate verhelderend, voor de leidinggevenden maar evenzeer voor mij als onderzoeker. Er was sprake van gelijkheid en er was ruimte om verbazing te delen, emoties te uiten en uitkomsten te duiden. Er ontstond energie om verder te gaan.

Deze belevenis bevat waardevolle lessen als het gaat om het diagnosticeren van organisaties. Een dichtgetimmerde boodschap geeft weinig ruimte voor een echt gesprek. Als diagnosticus creëer je zelf een defensief klimaat als je alleen aandacht besteedt aan de uitkomsten die je hebt gevonden en geen aandacht hebt voor de subjectieve gevoelens die jouw verhaal oproept. Een eenzijdige focus op *wat* je hebt gevonden, miskent *wie* betrokken zijn en ontkent gevoelens, ervaringen en ambities van die betrokkenen. Als je mensen als objecten beschouwt, gaan ze zich als subjecten gedragen: ze praten terug. Het is niet de kunst om anderen te overtuigen. Het is de kunst om mensen serieus te nemen, je eigen waarheid opzij te zetten en te luisteren naar de perspectieven van anderen. Alleen dan krijg je een open gesprek waarbij energie ontstaat om samen te werken aan verandering.

Ambities verbeelden

In de voorbereidingen op de reis formuleren we onze ambities, fantaseren we over het hoogtepunt van de tocht, kiezen we onze rustdagen en bespreken we onze bestemming waar we weer op krachten kunnen komen. We vormen ons een beeld van het landschap en zien de toekomstige tocht al voor ons. We krijgen er zin in.

9

Urgentie en saamhorigheid

Waarom urgentie verlamming oproept

In veel managementboeken lees je dat het nodig is om een urgentiebesef te creëren voordat mensen willen veranderen. De heersende gedachte is dat mensen alleen onder druk in beweging willen komen. Mensen moeten oude zekerheden loslaten en daarbij moeten ze geholpen worden.

Het creëren van de urgentie om anderen te veranderen is een achterhaalde gedachte. Alles is al in beweging. Organisaties veranderen doorlopend. De ene reorganisatie is nog niet voorbij of de volgende wordt alweer aangekondigd. Door de economische malaise is er eerder een te groot besef van urgentie en toenemende onzekerheid waardoor verlamming optreedt en veranderingen stagneren.

Het denken over urgentie is niet meer van deze tijd; het zijn denkbeelden uit de vorige eeuw. Toen bleven mensen nog hun hele leven bij één baas, waren bedrijven weinig flexibel en was de organisatie overwegend gebaseerd op bureaucratische principes. Er bestond nog een eenduidige hiërarchie en er werd nog geluisterd naar de baas, of men deed in ieder geval alsof. Toen was veranderen een opgave voor managers die alles in het werk stelden om planmatig veranderingen door te voeren.

De tijden zijn veranderd. Bedrijven zijn minder star dan voorheen. De arbeidsmarkt is flexibeler dan ooit en het aantal zelfstandig werkenden groeit met de dag. Het nieuwe werken leidt tot een grotere afstand tussen bedrijf en werknemer, en draagt soms bij aan vervreemding. De huidige tijd is wispelturig, spannend en uitdagend. Daar past geen geplande en van bovenaf opgelegde verandering bij.

Het is onzin te denken dat managers urgentiebesef moeten creëren om veranderingen mogelijk te maken. Natuurlijk, als een bedrijf in crisis verkeert, is het zaak om open en eerlijk te vertellen hoe het ervoor staat. Leiders

zullen een crisis altijd aangrijpen om veranderingen door te voeren. Een crisissituatie kan een aanleiding zijn voor verandering maar het is geen noodzakelijke eerste stap. Vaak duidt een crisissituatie in een bedrijf op falend leiderschap. Veranderingen in de omgeving zijn door de leiding niet voorzien en komen dan als een verrassing. Of er is ondoordacht geïnvesteerd in expansie of marktverbreding, waardoor geen economische tegenwind kan worden opgevangen en de kredietwaardigheid in het geding is. Door de oriëntatie van de leiding op de korte termijn is er onvoldoende geïnvesteerd in innovatie. Hierdoor is de productportfolio uit balans en loopt de omzet terug. Door interne gerichtheid is het contact met de klant verwaterd en is het zicht op de concurrenten verloren. Deze vier situaties leiden inderdaad tot crisis en daarmee tot urgentie, maar die urgentie komt niet zomaar uit de lucht vallen. Er is te veel focus geweest op de korte termijn, of er is door de leiding gewoon niet opgelet. Soms roept de leiding van een bedrijf te snel en te vaak dat het crisis is. Dat duidt meer op de behoefte om de held te spelen, of op onvermogen van de leiding om mensen te enthousiasmeren om iets nieuws te proberen.

Een crisis is géén voorwaarde voor verandering. Een duidelijke toekomstvisie is dat wel. Minstens zo essentieel is de klantwaarde die het bedrijf wil leveren. Bedrijven die succesvol zijn in diepgaande veranderingen hebben helder voor ogen wie hun klanten zijn, wat de behoeften zijn van deze klanten en hoe ze daaraan invulling kunnen geven. Het gaat bij veranderen niet om het organiseren van een crisis, maar om het organiseren van verlangen.

Maar zelfs met het organiseren van verlangen zijn we er niet. In onzekere tijden en met steeds lossere dienstverbanden is er een toenemende behoefte om ergens bij te horen. Het gaat hier niet om *'sense of urgency'*, maar om *'sense of belonging'*. Organisaties met te veel crisisgevoelens hebben lage overlevingskansen. Ze raken op drift. In onze tijd gaat het om het creëren van werkgemeenschappen waarin mensen het gevoel hebben dat ze erbij horen en een zinvolle bijdrage leveren. Het gaat erom mensen te verbinden waardoor ze samen een aanlokkelijke toekomst kunnen realiseren. Bedrijven met een helder toekomstbeeld en een krachtig saamhorigheidsgevoel hebben in onzekere tijden de beste kansen om te overleven.

Bij het veranderen van mensen in organisaties gaat het niet om het articuleren van urgentie. Het gaat vooral om het organiseren van verlangen. Dat is nergens zo mooi verwoord als in onderstaand gedicht uit *Citadelle* van Antoine de Saint-Exupéry:

> Wanneer je een schip wilt bouwen, breng dan geen mensen bij elkaar om hout aan te slepen, werktekeningen te maken, taken te verdelen en het werk te verdelen [...] maar leer mensen verlangen naar de eindeloze open zee.

10

Verlangen organiseren

Toekomst verbeelden en vaktrots waarderen

Kent u het rioolmuseum in Parijs? Dat is een aanrader. De ingang ligt vlak bij Pont de l'Alma. Een putdeksel geeft toegang tot het meest bijzondere museum van Parijs. Je gaat echt het riool in; dat zie je en dat ruik je. Het riool van Parijs is het oudste en grootste riool ter wereld. Het is net zo groot als het stratennetwerk van Parijs. Het hele stelsel omvat meer dan 2100 kilometer. Er zijn grote pijpen van wel vijf meter doorsnede en kleine pijpen van een meter breed en twee meter hoog zodat je er nog wel door kan lopen. Het riool voert al het afvalwater af uit de keukens en wc's van Parijs. En het zorgt ook voor de afvoer van regenwater. Als de buizen de hoeveelheid water niet aankunnen, bijvoorbeeld bij harde regen, dan stroomt het overtollige regen- en afvalwater de Seine in. Daarom is het belangrijk dat rioolwerkers de buizen schoonhouden en aangekoekt slib verwijderen. Dan kan er meer water worden afgevoerd. Om het slib te verwijderen staan de rioolwerkers vaak tot hun middel in de drek. Het is onaantrekkelijke arbeid, ook al is het werk essentieel om de stad leefbaar en gezond te houden.

Waarop konden de rioolwerkers trots zijn? Wat was hier een betekenisvolle strategie? De strategie voor het rioolwerk werd geformuleerd als: *Wij zorgen ervoor dat er in 2010 weer zalm in de Seine zwemt*. Deze strategie was motiverend, betekenisvol en meetbaar. Het motiveerde de rioolwerkers, omdat ze het gevoel kregen dat ze natuurbeheerders van de stad waren en zo bijdroegen aan een gezond leefklimaat. Het was betekenisvol, omdat de strategie duidelijk maakte waar de organisatie voor stond en wat ze maatschappelijk bijdroeg. En het was meetbaar. In 2010 zwom er voor het eerst weer zalm in de Seine.

Vanzelfsprekend droeg dit resultaat bij aan de vaktrots van de rioolwerkers. Vanuit die trots hebben de rioolwerkers zelf hun museum ingericht, waarbij ze laten zien hoe belangrijk het onderhoud en het schoonmaken is voor de gezondheid en leefbaarheid in een grote stad als Parijs.

Vaktrots is terug te vinden bij veel mensen die hun handen uit de mouwen steken. Het gaat om onze vuilnismannen, vuilverbranders, buschauffeurs, ingenieurs, schoonmakers, wegenbouwers, verplegers, metselaars, machinisten, timmerlui, loodgieters en alle mensen die een echt vak uitoefenen. Mannen en vrouwen. Het zijn de mensen die een bijna onzichtbare rol vervullen in het draaiend houden van onze maatschappij. Daarvoor krijgen ze meestal weinig waardering. Alleen al om waardering te tonen is het rioolmuseum dus een bezoek waard.

De vaktrots van mensen is een belangrijke energiebron voor resultaat en vernieuwing. Zo wordt bij de Nederlandse Spoorwegen de vakkennis van het rijdend personeel hoog gewaardeerd. De machinisten en conducteurs staan in het centrum van de dienstverlening aan klanten en ze zijn een verbindende schakel met het complexe logistieke proces achter de treinloop. Voor de machinisten is een nieuw opleidingscentrum gebouwd met de nieuwste simulatietechnieken. In deze omgeving treffen machinisten elkaar en wisselen ze ervaringen uit om de dienstverlening te verbeteren. In simulatietreinen leren ze werken met nieuw materieel en doen ze ervaring op met onverwachte situaties die de veiligheid en de dienstregeling in gevaar brengen. Het gaat om het zichtbaar maken en erkennen van vaktrots, en om het aanmoedigen van veiligheid en servicegerichtheid. Het waarderen van vaktrots draagt bij aan bedrijfstrots. Het leidt ook tot nieuwe initiatieven, zoals de oprichting van een 'Gilde van conducteurs en machinisten' dat de ambitie heeft om vanuit vakmanschap en bedrijfstrots de dienstverlening te verbeteren.

Ook in een ziekenhuis is professionele trots een drijfveer om de zorg voor patiënten te verbeteren. Een goed voorbeeld hiervan is het programma *Appraisal & Assessment*, dat door enkele artsen werd opgezet. Hierbij wordt collegiale intervisie ingezet om de kwaliteit van medisch specialisten te verhogen. Een collega verzamelt informatie over het individueel functioneren van een arts bij patiënten, verplegend personeel, artsen in opleiding en collega's. Elke gesprekspartner formuleert drie goede punten en drie tips voor verbetering van het professioneel handelen. Deze informatie wordt besproken in collegiaal overleg. De ervaringen zijn indringend. Naast versterking van de collegiale samenwerking en verbetering van het individuele professioneel handelen, zijn vooral de patiënten gebaat bij deze indrukwekkende manier van intervisie.

Innovatie komt vaak voort uit de vaktrots en de ongrijpbare kennis van het uitvoerend personeel. Zo werken de onderhoudsmensen van VolkerRail en de wegenbouwers van VolkerWessels aan de mobiliteit van Nederland. In weer en wind en bij nacht en ontij. De asfaltmakers hebben vanuit hun jarenlange ervaring samen met de ingenieurs van het bedrijf een nieuwe machine ontwikkeld waarmee asfalt volledig gerecycled kan worden. De machine is bijna af en eigenlijk moeten ze met pensioen, maar geen haar op hun hoofd die daaraan denkt. Daarnaast hebben de mensen van VolkerRail een nieuw wisselverwarmingssysteem ontwikkeld vanuit hun jarenlange kennis met wissels in het meest complexe spoorsysteem ter wereld. Die kennis staat niet op papier en zeker niet in boekjes. Het zit in hun hoofd en door het inzetten van die ongrijpbare kennis dragen ze bij aan de mobiliteit op het spoor. En daar zijn ze met recht trots op.

Managers vergeten wel eens dat zonder uitvoerders het bedrijf stilligt. Bedrijfsresultaten worden uiteindelijk behaald door mensen die dagelijks klanten van dienst zijn en de handen uit de mouwen steken. Voor veel directieleden en stafspecialisten is het onvoorstelbaar dat uitvoerders innovaties kunnen realiseren. Vernieuwing ontstaat vaak op de werkvloer door mensen die trots zijn op hun vak, die hun handen uit de mouwen steken en die durven te experimenteren.

11

Samen ondernemen

Waarom kant-en-klare oplossingen vaak tot problemen leiden

Een aantal jaren terug nam de top van het ministerie van Veiligheid en Justitie een initiatief. In de strafrechtketen vielen te veel zaken tussen wal en schip. Om te beginnen bij de politie. Als de politie fouten maakte in het strafrechtelijk onderzoek, dan was de kans op een veroordeling van een verdachte snel verkeken. Ook verderop in de keten verliep de afstemming niet vlekkeloos. De wachttijd tussen het aanbrengen en voorbereiden van een zaak en de afhandeling daarvan door officieren van justitie en rechters was veel te lang. Zaken stapelden zich op. De reclassering kon het nauwelijks bijbenen als verdachten in herhaling vielen. Van veel veelplegers hadden ze onvolledige dossiers. En het kwam te vaak voor dat mensen van de Raad voor de Kinderbescherming niet op een zitting van de rechtbank verschenen. Te veel zaken werden geseponeerd. Er moest iets gebeuren om het werk beter af te stemmen. Daarom was er gekozen voor de invoering van een systeem voor planning en controle. Maar geen van de professionals in de strafrechtketen zag er heil in. Er was sprake van weerstand. Wat nu?

Het initiatief voor het nieuwe systeem was genomen op het departement. De bestuursdienst en de afdeling ICT hadden het voortouw genomen. Maar nu het op invoering aankwam, wilde geen van de ketenpartners meedoen. De rechters beriepen zich op hun rechtelijke onafhankelijkheid: ze wilden niet gecontroleerd worden. De officieren van justitie wilden niet in een planningskorset worden gehesen. En de mensen van de reclassering en de kinderbescherming zagen er niets in. Het was allemaal veel te technisch en het deed de cliënten geen recht. Hoe nu verder? Doordrukken? Afdwingen? Nog eens uitleggen?

De oplossing was uiteindelijk even simpel als doeltreffend. Het bestuursdepartement had wel een oplossing, maar het probleem was niet gedeeld. Daarop zijn in een aantal sessies mensen met verschillende taken in de strafrechtketen bij elkaar gebracht. In deze sessies zijn twee simpele vragen gesteld: Hoe ziet je werk eruit en wat doe je dan? Tegen welke problemen loop je aan op je werk? Op deze manier werd voor iedereen inzichtelijk wat de problemen waren in de strafrechtketen. Er was veel verbazing over de problemen en herkenning hoe die dagelijks werden gereproduceerd. Nadat de problemen waren gedeeld, kon de derde vraag worden gesteld: Waarom kunnen we niet doorgaan zoals het gaat? Die vraag leidde tot heftige, emotionele reacties: 'Het gaat om de legitimiteit van ons rechtssysteem', 'Als we daders niet vervolgen, wat betekent dat dan voor de slachtoffers', 'Dat we er met elkaar zo'n puinhoop van maken, dat is toch beschamend' en 'Het gaat om veiligheid in buurten en wijken, dat is waarvoor we staan'. In de vaak heftige discussies werd duidelijk dat er betere afstemming nodig was in de strafrechtketen. Het ging om het bestaansrecht van justitie. Het ging om justitie in de buurt. Nu was de tijd rijp voor de vierde vraag: Wat kunnen we ondernemen?

De antwoorden op de vierde vraag waren opmerkelijk: bijna alle groepen kwamen met de suggestie om een informatiesysteem te ontwikkelen om de taken af te stemmen. Maar er kwamen meer ideeën op tafel. 'Als het ons gaat om veiligheid in buurt en wijken, waarom gaan we dan niet gewoon samenwerken in die buurten en wijken?' En zo ontstond het beleidsinitiatief 'Justitie in de Buurt'. In wijken werd geëxperimenteerd met lokale samenwerking. Deze samenwerking in de buurt bleef niet beperkt tot mensen van Justitie. Jeugdzorg en maatschappelijk werk sloten zich aan. De verslavingszorg wilde meedoen en ook de schuldsanering en de woningcorporatie waren van de partij. Op lokaal niveau verdwenen institutionele barrières als sneeuw voor de zon. Er was veel enthousiasme om samen te werken en de veiligheid in de wijken nam zienderogen toe.

'Wat een mooie oplossing voor de problemen in de keten. Als we hier nu eens een best practice van maken,' dachten mensen van de bestuursdienst op het departement. Waarna een oplossing werd uitgewerkt om die over de rest van Nederland uit te rollen. En weer was er weerstand bij de mensen voor wie de oplossing was bedoeld. De positieve ontwikkeling kwam abrupt tot stilstand, behalve in de wijken waar de mensen zelf het voortouw hadden genomen en positieve resultaten zagen. Verdere invoering stagneerde. Of toch niet?

Mensen die enthousiast waren over hun ervaringen gingen op pad om hun verhaal te vertellen. Ze maakten collega's in nabijgelegen wijken enthousiast en waren bereid om ervaringen te delen. Al snel bleek dat elke wijk een andere aanpak nodig had, andere partners kende en dat juist het bouwen aan samenwerking een voorwaarde was voor succes. Als paddenstoelen schoten de initiatieven uit de grond. Het leek een spontaan proces waar het departement geen sturing over had. Je kon het maar beter geen Justitie in de Buurt noemen. Die term was besmet geraakt. 'Ketenjustitie' dan of 'Veiligheidshuis'. Eigenlijk maakt de naam niet zoveel uit. Als het initiatief maar een bijdrage levert aan de veiligheid in buurten en wijken.

Deze ervaring bevat een aantal boeiende leerervaringen. Als je een verandering wilt realiseren, kun je maar beter het probleem delen en niet met een hapklare oplossing komen. En pas op met het standaardiseren en uitrollen van succesvolle praktijken. Als je lokale omstandigheden, enthousiasme en creativiteit ontkent, dan heb je al snel je eigen weerstand georganiseerd.

12
Toekomstbeelden

Als je het eens bent over de toekomst, gaat het bijna vanzelf

Niemand had verwacht dat de samenwerking tussen KLM en Air France een toekomst zou hebben. Fusies tussen Franse en Nederlandse bedrijven zijn zelden succesvol, daarvoor zijn de culturele verschillen tussen beide landen te groot. De mensen van KLM zijn trots op hun bedrijf, waarmee ze een sterke band voelen. Toen de samenwerking met Air France werd aangekondigd, waren de KLM'ers afwachtend: 'Ik had niet zo'n beeld van Air France. Ik had wel een beeld van de Fransen in het algemeen. Chauvinistisch en ze willen het baasje spelen. Daar was ik wel bang voor in het begin.'

Wat maakt dat de samenwerking een succes is geworden en wat leren we daarvan?

Het begon bij de twee topmannen, Leo van Wijk van KLM en Jean-Cyril Spinetta van Air France. Ze kenden elkaar uit de Internationale Luchtvaart Federatie waar ze allebei in het bestuur zaten. Ze hadden eenzelfde kijk op de toekomst van de luchtvaart, waarin samenwerking nodig is om internationaal te opereren en het hoofd te kunnen bieden aan prijsvechters en nieuwe concurrenten uit opkomende economieën zoals China en de Arabische landen. Bij de samenwerking tussen KLM en Air France is gelijkheid het uitgangspunt. Spinetta zei daarover: 'Ik kan me van het begin af aan geen enkel geval herinneren waarin we een significant verschil van mening hadden over de strategie voor de groep.' Beide heren investeerden veel in hun onderlinge relatie en gingen vriendschappelijk met elkaar om. De twee topmannen werden bovendien niet in de weg gezeten door hun ego's: 'Wie nummer een is en wie nummer twee, dat soort problemen hebben we nooit gehad.' In de talloze optredens over de samenwerking presenteerden Spinetta en Van Wijk zich altijd gezamenlijk, hadden ze evenveel spreektijd en gingen ze ostentatief vriendschappelijk met elkaar om. Op de achtergrond waren KLM en Air France in gelijke verhoudingen zichtbaar en voor hen op tafel stond zowel een KLM- als een Air France-vliegtuigmodel. Gelijkheid werd voor het voetlicht gebracht in woord en beeld.

De koers van het nieuwe bedrijf was duidelijk: passagiers wereldwijd de meeste bestemmingen bieden, met maximaal één overstap. Air France en KLM kozen voor een strategie die gebaseerd was op heldere klantwaarden: betrouwbaarheid, gemak en comfort tegen een concurrerende prijs. Ook de visie op de organisatie was uitermate helder: *'One company, two airlines, three businesses.'* De company, dat was de holding Air France KLM. De twee *airlines* waren KLM en Air France die beiden hun eigen identiteit behouden. De *three businesses*, de drie bedrijfsactiviteiten, refereerden aan: passagiersvervoer, vrachtvervoer en onderhoud. Vanaf het begin was afgesproken dat *'fairness'* het leidende beginsel zou zijn in de samenwerking. De daad werd bij het woord gevoegd, want hoewel Air France in eigendomsverhoudingen vier keer zo groot is als KLM, worden de posities in de Raad van Bestuur gelijk verdeeld, vier voor mensen van Air France en vier voor mensen van KLM. Er wordt blijvend geïnvesteerd in beide luchthavens en in beide netwerken. Stelregel is dat er alleen integratie plaatsvindt als daar goede redenen voor zijn. Veel activiteiten blijven zelfstandig aangestuurd vanuit de twee airlines.

In de samenwerking werd nog een interessant perspectief gekozen: de essentie is niet dat een van beiden beter is, de essentie is dat je van elkaar kunt leren en samen beter kunt presteren. Zo presenteerde Spinetta KLM Cargo als een fantastisch cargobedrijf en nodigde hij de mensen van Air France uit om daar te gaan kijken en daarvan te leren. Op zijn beurt waardeerde Van Wijk de service van Air France aan passagiers tijdens de vlucht en nodigde hij het cabinepersoneel van KLM uit om daarvan te leren.

Het werkte. In 2012 kon KLM een prijs in ontvangst nemen voor de beste service tijdens vluchten in Europa. De ambitie voor de toekomst is helder: de beste airline worden als het om betrouwbaarheid, duurzaamheid en service gaat. Deze ambitie is voor veel personeelsleden inspirerend en daarmee richtinggevend.

Om culturele verschillen zichtbaar en bespreekbaar te maken, werden meerdere initiatieven genomen. Er werden cultuurworkshops aangeboden aan mensen die daadwerkelijk en rechtstreeks met hun fusiepartner te maken zouden krijgen. Gezamenlijke trainingen en managementbijeenkomsten hielpen om elkaar te leren kennen en van elkaar te leren. Een boeiend initiatief was een uitwisselingsprogramma voor Young Executives. Tien veelbelovende talenten van KLM gingen naar Air France in Parijs en tien talenten van Air France kwamen naar het hoofdkantoor van KLM om aan integratieprojecten te werken. Aan de talenten werd gevraagd een dagboek bij te houden met verhalen over hun ervaringen en wat hen had verbaasd tijdens deze uitwisseling. Aan het einde van hun uitwisselingsperiode maakten ze gezamenlijk een boekje waarin hun verhalen waren gespiegeld en gebundeld. Het boekje gaf een fantastisch inkijkje in de merkwaardige gewoonten van beide bedrijven en in de cultuurverschillen die tot misverstanden zouden kunnen leiden.

Door onuitgesproken verwachtingen en culturele gewoonten expliciet te maken, kunnen misverstanden worden voorkomen en kun je glimlachen om de 'eigen-aardigheden' in je eigen bedrijf en begrip opbrengen voor de 'eigen-aardigheden' van je collega's bij je fusiepartner.

De ervaringen van de samenwerking tussen KLM en Air France bevatten talloze lessen. De belangrijkste les is misschien wel, dat een helder en aansprekend toekomstbeeld vertrouwen genereert in de verandering. Het vooropstellen van de betekenis van de fusie voor de klant is essentieel. Rechtvaardigheid is een basisprincipe, evenals de bereidheid om van elkaar te leren om elkaar te versterken en samen beter te worden. En natuurlijk, om geloofwaardig over te komen is voorbeeldgedrag van het topmanagement cruciaal. Een gezamenlijke ambitie en heldere toekomstbeelden brengen mensen in beweging, zeker als het topmanagement saamhorigheid en vertrouwen uitstraalt.

Reizen door het onbekende

Nadat we ons een goed beeld hebben gevormd van het gebied en de bestemming, kiezen we een mogelijke route en maken we afspraken met de mensen waarmee we dit avontuur aangaan. We gaan na wat we op onze tocht nodig hebben aan materiaal en proviand en schatten in of er onderweg genoeg water is. We stippelen de route uit en gaan goed voorbereid op pad.

13

Een goed idee is gevaarlijk

Over ideologie, oriëntatiegevoel en souplesse

'Mijn naam is Karel Grotendorst en ik ben directeur van een creditcardmaatschappij. Ik heb een fantastisch idee om mijn organisatie opnieuw in te richten. Mag ik u uitnodigen om eens over dit idee te praten?' De tekst van de e-mail was kort en krachtig en ik was nieuwsgierig geworden.

Het kantoor van de creditcardmaatschappij lag in een troosteloze omgeving. Het kantoorpand zelf was een typisch jaren zeventig-pand. Des te verrassender was de inrichting, die bestond uit eigentijdse, kleurrijke designmeubelen, praathoeken en een open balie. Karel kwam energiek de trap af om me persoonlijk op te halen. 'Fijn dat je er bent. Ik wil je graag iets voorleggen.'

Nog voordat ik mijn jas had opgehangen stak Karel al van wal. 'Ik heb een geweldig boek gelezen: *Semco-stijl*. Het gaat over een bedrijf in Brazilië, waar de werknemers alles zelf regelen. Daardoor zijn ze zo gemotiveerd, dat een hoge productiviteit samengaat met veel werkplezier. Ik ben naar een congres geweest waar het hele concept uit de doeken werd gedaan. En daarna ben ik bij het bedrijf zelf gaan kijken. Het is echt indrukwekkend. Het lijkt me geweldig om dat hier ook in te voeren.'

Het boek *Semco-stijl* kende ik wel. Het Braziliaanse bedrijf waar Karel het over had, maakt betonmengers en negeert allerlei gevestigde principes. Het bedrijf kent geen vaste werktijden, de werknemers bepalen zelf hoeveel ze verdienen, ze kiezen en beoordelen zelf hun baas en financiële informatie is beschikbaar voor iedereen. De productiviteit is hoog en er wordt veel winst gemaakt.

Door de tomeloze energie van Karel voelde ik me wat overdonderd. Semco-stijl bij een creditcardmaatschappij. Ik vroeg mezelf af of dat wel zo'n goed idee was. 'Ik begrijp dat u enthousiast bent over de ideeën van Ricardo Semler en dat u overweegt om zijn ideeën ook hier in te voeren?'

Het antwoord liet niet lang op zich wachten: 'Jazeker, het lijkt me geweldig. Dan krijg ik het zelf rustiger en kunnen we als bedrijf efficiënter werken. Dat is ook wel nodig want we zijn nu te duur als creditcardmaatschappij.'

Mijn reactie was kort: 'Ik vraag me af of het wel een goed idee is. Wat maakt dat u nu te duur bent als bedrijf?'

Op deze vraag kreeg ik geen direct antwoord, behalve dat door deze Semco-stijl in te voeren 'alle problemen zouden worden opgelost'.

Op mijn vraag hoe andere mensen in het bedrijf erover dachten antwoordde Karel: 'Ach niemand houdt van veranderen, dat weet u toch als geen ander. Een paar mensen zijn heel enthousiast, net als ik. Met hen durf ik dit wel aan. En de mensen die niet mee willen doen, stappen er maar uit. Je moet er wel in geloven en als je dat niet doet, doe je maar niet meer mee. Kunt u me helpen bij de invoering van dit concept?'

'Het lijkt me geen goed idee om deze stijl zonder meer in te voeren. Uw bedrijf kan zich geen risico's veroorloven in de afhandeling van geldstromen. Als u nu te duur bent, hebt u misschien eerder baat bij de standaardisatie en automatisering van de werkprocessen. Om het nieuwe werkconcept vanuit de top van de organisatie breed in te voeren, lijkt me ook niet verstandig. U pleit voor een democratische werkwijze, maar de invoering wilt u van bovenaf opleggen aan anderen. Wat doet u als de meerderheid van uw werknemers vertrekt?'

Het gesprek was na deze kritische noot snel afgelopen.

Het is merkwaardig dat managers soms zó in hun eigen ideeën of die van anderen geloven, dat ze alleen nog op zoek gaan naar de bevestiging van hun eigen ideeën. Die bevestiging vind je altijd bij ongeveer vijf procent van de medewerkers. Dat zijn de meelopers; de mensen die jou niet durven tegenspreken en graag hogerop willen. Daar heb je dus niets aan. De kunst is om op zoek te gaan naar die medewerkers die de problemen onderkennen en hieraan willen werken. Deze medewerkers zijn meestal ervaren krachten en betrokken bij het bedrijf. Het gaat hier om ongeveer vijftien procent van de medewerkers binnen een bedrijf. Zij stellen kritische vragen vanuit hun betrokkenheid. Karel had zijn medestanders gevonden in de meelopers. Door zijn gedrevenheid had hij de andere medewerkers van zich vervreemd. Ik heb Karel gewaarschuwd dat zijn droom op een mislukking uit zou lopen en dat *Semco-stijl* wel een mooi verhaal is, maar geen goed idee voor een creditcardmaatschappij in financiële problemen.

Karel heeft zijn idee niet doorgezet. Nadat hij tegen een muur van onbegrip was aangelopen is hij behoedzamer te werk gegaan. Met een doordacht veranderproces heeft hij een betrouwbare en efficiënte creditcardmaatschappij gerealiseerd. Daarna is hij ergens anders gaan werken. Onlangs kreeg ik een e-mail van hem: 'Jaap, ik werk nu bij een bedrijf dat industriële deuren produceert. Ik heb een geweldig idee en ben al vergevorderd met de realisatie. Mag ik je uitnodigen om hier eens over te praten. Ik wil je wat laten zien...'

Een goed idee is gevaarlijk, vooral als je er maar één hebt. Dat is zeker het geval als dat idee van een manager of opdrachtgever vandaan komt en het niet aansluit bij de opgave, de werkprocessen van het bedrijf en de problemen in het bedrijf. Veranderen begint met stilstaan: Wat is de kern van het probleem? Wie kan helpen met het aanpakken van het probleem? Welke oplossingen zijn mogelijk en welke oplossing is het meest wenselijk? Hoe gaan we de verandering vormgeven? Als een leider of manager een verkeerde kant dreigt op te gaan, is het de taak van een toezichthouder, collega of adviseur om daarover in gesprek te gaan en het conflict niet uit de weg te gaan. Het kan helpen om de vraag te stellen voor welk probleem dit idee de oplossing is. Bij veranderen gaat het om de toekomst van een bedrijf en niet om een aanlokkelijke ideologie of de glorie van mensen in de top.

14

Synergie

Hoe vage opdrachten bijdragen aan onzekerheid en ruzie

Op enig moment werd ik gebeld door een topambtenaar van een ministerie. Twee ministeries waren samengevoegd tot één. De politieke top wilde synergie. Dat kon misschien worden gerealiseerd in de bedrijfsvoering, zo was de gedachte. Het leek het meest eenvoudig om de twee ICT-afdelingen samen te voegen. Er was een nota geschreven, een synergieprogramma gestart en er was een projectleider aangesteld om alles in goede banen te leiden.

'We zijn vol goede moed begonnen,' vertelde de topambtenaar. 'En we hebben echt zorgvuldig gewerkt,' voegde de projectleider eraan toe die die synergie tussen de ICT-afdelingen moest realiseren. 'We hebben mensen erbij betrokken, werkgroepen ingesteld, taken laten inventariseren, suggesties gevraagd. Maar ja, toen het erop aankwam, ontstonden er allemaal conflicten. Het hele proces liep vast. Nu hebben we gehoord dat u vastgelopen veranderprocessen kunt lostrekken.' Verwachtingsvol keken ze mij aan.

Tsja, wat doe je in zo'n geval? Mijn antwoord was dat ik best eens wilde kijken wat er speelde, maar geen idee had of ik ze van dienst kon zijn. Zo kreeg ik ruimte om op verkenning te gaan. Eerst maar eens langs bij de twee werkgroepleiders.

'U bent zeker gestuurd door de top om hier de boel te reorganiseren,' kreeg ik van de eerste werkgroepleider te horen, nadat ik me had voorgesteld.

'Nou, niet echt,' was mijn antwoord. 'Het is me wel gevraagd, maar ik heb geen idee wat er speelt en of ik iets kan betekenen. Misschien kunt u me helpen door te vertellen wat er gaande is?'

Na enige aarzeling kreeg ik het voordeel van de twijfel. 'Ja, we zijn gedwongen tot synergie, maar dat leidt alleen maar tot ellende. Er zijn twee werkgroepen gevormd, één vanuit het ene ministerie en één vanuit het andere ministerie. Die kregen de opdracht om na te gaan welk systeem het beste was voor het ministerie, want er moest één systeem komen, zo was de opdracht. Mijn werkgroep kwam tot de conclusie dat het AS400-systeem het beste was. Dat systeem heeft een enorme rekenkracht en die is nodig om alle subsidieregelingen in goede banen te leiden. Maar ja, die "Apen & Idioten"... Eh, sorry, die lui van Automatisering & Informatisering, zo heet de afdeling van het andere ministerie, die snapten er niets van en pleitten voor het systeem van Digital. Ja, en dat is toen geëscaleerd. Nu praten we niet meer met elkaar, want dat leidt alleen maar tot ruzie.'

De ontmoeting met de tweede werkgroepleider kende ook een ongewone start. 'Ah, daar is weer zo'n adviseur die hier zijn zakken komt vullen,' was de openingszin toen ik me voorstelde.

Verrast antwoordde ik:'Goh, ik begrijp dat u minder goede ervaringen hebt met adviseurs, vertelt u eens?'

Met een bulderende lach werd ik vervolgens de kamer ingeloodst. 'Tsja, het is danig uit de hand gelopen. Iedereen is best goed begonnen. Er zijn door beide werkgroepen goede inventarisaties gemaakt van de kerntaken van het ministerie en hoe die ondersteund kunnen worden met ICT. Vanuit mijn werkgroep hebben we gepleit voor het Digital-systeem, want dat is veel beter in staat de beleidsfuncties te ondersteunen en daar gaat het hier toch om want we zijn een beleidsdepartement. Ja, en toen werden we opeens "Apen & Idioten" genoemd door de leden van de andere werkgroep. Hun afdeling heette eerst Informatisering & Automatisering. Het duurde niet lang of de mensen van mijn werkgroep maakten daarvan "Imbecielen & Arroganten". Sindsdien praten we niet meer met elkaar.'

De zaak zat muurvast, zo leek het. Wat maakte dat er gekozen moest worden voor één systeem? Waarom waren de werkgroepen gevormd langs de lijnen van de eerdere afdelingen? Hoezo moesten de afdelingen worden samengevoegd? Waarom werd niet uitgegaan van optimale ondersteuning van de kerntaken die heel verschillend waren? Waarop was de gedachte gebaseerd dat inkrimping mogelijk was als alle taken bleven bestaan? Wat werd eigenlijk verstaan onder synergie? Met deze vragen ging ik terug naar de topambtenaar en de programmaleider. Die waren verlegen met mijn vragen. 'Ja, synergie moest van de politieke top. Dat betekent toch samenvoegen, inkrimpen en kosten reduceren? En dat kon toch alleen door te kiezen voor één systeem...'

Het programma is aan de kant geschoven, de werkgroepen zijn ontbonden en het idee dat er voor één systeem moest worden gekozen is losgelaten. Voor optimale ondersteuning van de kernfuncties waren beide systemen nodig. Wel is gestart met een uitdagend leertraject voor mensen van beide ICT-afdelingen. Inspirerende sprekers en topdeskundigen gingen met de ICT-professionals aan de slag om de mogelijkheden voor vernieuwing te verkennen. Daaruit werden initiatieven gestart om de dienstverlening te verbeteren. Gaandeweg ontstond er weer vertrouwen. Deelnemers aan het leertraject gingen vervolgens aan de slag om verbeteringen te realiseren. Kennis werd gebundeld, samenwerking met de gebruikers kwam tot stand en vernieuwingen werden doorgevoerd. De ICT-professionals raakten geïnteresseerd in beide systemen. Synergie kreeg gaandeweg betekenis. Het ging om betere dienstverlening, om innovatie, om het bundelen van krachten. Het ging niet om de keuze voor één systeem of om besparingen en inkrimpingen. Synergie ontstond door kennisuitwisseling, waardering voor de professionals en door een beroep te doen op hun vernieuwende kracht.

Van dit avontuur heb ik veel geleerd. Kijk uit als doelstellingen voor een verandering zijn neergelegd in een nota en er een project wordt gestart zonder oog voor de problematiek en de context. Vage begrippen als synergie of vernieuwing leiden tot vage opdrachten, tot misverstanden en tot onzekerheid. Verlamming en ruzie zijn het gevolg. Veranderingen mislukken als kerntaken worden veronachtzaamd en ambities onduidelijk zijn. Het gaat bij veranderen minimaal om de vraag waarom de verandering wenselijk is, waaraan de verandering moet bijdragen, en waartoe de verandering gaat leiden. Als mensen elkaar ontmoeten en niet langer onbekenden zijn, ontstaat er vanzelf nieuwsgierigheid naar elkaar. Nieuwsgierigheid om elkaars wereld te ontdekken is een fantastische voedingsbodem voor verandering.

15

Weerstand met verstand

Ervaringen van anderen serieus nemen

Het ontwerpen van een organisatie is een proces van wikken en wegen. Een goed ontwerp begint met het in kaart brengen van de klantprocessen. Klantprocessen starten met een vraag of behoefte van een klant en eindigen met diensten of producten die aan de klant worden geleverd. Klantvragen wil je optimaal behandelen: snel, foutloos, klantgericht en tegen lage kosten. Als je de klantprocessen kent, ga je na hoe deze processen het beste kunnen worden ingericht, hoe je de coördinatie van het werk organiseert, hoe je de hiërarchie vormgeeft en hoe je de technische systemen laat aansluiten.

Een bedrijf voor de verwerking van betalingsverkeer koos voor een ingrijpende vernieuwing van de administratieve systemen. Deze technische innovatie zou het werk van de mensen in het bedrijf behoorlijk veranderen. Daarom moesten ook de organisatie van het werk en de besturingsstructuur worden gewijzigd. Een uitdagende taak, dus ging ik aan de slag. Eerst maar eens alle klanten met hun specifieke vragen in kaart brengen. Alle banken in Nederland waren klant van het bedrijf. Ze leverden betalingsgegevens aan en die moesten zo snel mogelijk worden verwerkt. Die verwerking was een uiterst secuur werkje. Er ging ongeveer 4 miljard per dag door de organisatie en je wilde niet dat er geld kwijtraakte of dat het betalingsverkeer in Nederland plat kwam te liggen. Na de klantprocessen heb ik ook de producten in kaart gebracht. Dat waren er best veel: acceptgiro's, overschrijvingen, diskettes met salarisbetalingen, hypotheekbetalingen, bankpasbetalingen, creditcardtransacties. Natuurlijk heb ik bij het nieuwe ontwerp ook rekening gehouden met de locaties van het bedrijf, de logistiek en transport, de nieuwe technologie die werd ontwikkeld en de kwaliteit van het werk. Er was een prachtig organisatieontwerp uit gekomen, vond ik zelf.

Vol trots presenteerde ik het nieuwe organisatieontwerp aan de directieleden. Ze vonden het prachtig. 'Een prima doordacht ontwerp en het maakt de besturing veel eenvoudiger.' De nieuwe werkorganisatie was strak opgebouwd uit klantvragen en daarbij passende technologie. Zo was onderscheid gemaakt in bedrijfsprocessen voor salarisbetalingen, acceptgiro's, hypotheken, automatische betalingen, enzovoort.

De middenmanagers waren minder enthousiast. 'Ja, kijk, jij hebt ervoor doorgeleerd en als jij denkt dat het werkt dan moet je het maar doen.' Echte bezwaren waren er niet, ook al was de sfeer gelaten.

Daarna naar de medewerkers. Daar ontstond tumult: 'Dit is echt een heel stom plan,' kreeg ik direct na mijn presentatie te horen. 'Nee, dat gaat niet werken, dat zie je zo.' Veel managers en adviseurs zouden dit duiden als weerstand tegen verandering die je moet bestrijden. Gelukkig heb ik doorgevraagd naar hun bezwaren. 'Wanneer krijg jij je salaris?' vroegen ze me. 'Uh, meestal in de derde week van de maand.' 'Ja, de rest van Nederland ook. En wanneer betaal je de huur of je hypotheek?' 'Zo laat mogelijk natuurlijk, dus de laatste week van de maand,' antwoordde ik. 'Ja, dat doet de rest van Nederland ook. En heb je al eens gekeken wanneer de meeste acceptgirokaarten binnenkomen die verwerkt moeten worden?'

Met alles was in het ontwerp rekening gehouden, behalve met piekmomenten in het werk. De voorgestelde inrichting zou betekenen dat de ene afdeling een piekbelasting zou hebben in de derde week van de maand, de andere afdeling in de vierde week en nog een andere afdeling in de eerste week. Dit betekende dat de tijdige verwerking niet kon worden gegarandeerd. Mijn ontwerp heb ik fors moeten bijstellen, dankzij de medewerkers die hun eigen werkproces erg goed doorhadden. Dat inzicht in de werkprocessen ontbrak kennelijk bij de directieleden. Zij waren vooral gecharmeerd van de eenvoud in de besturing waardoor hun werk eenvoudiger werd. De middenmanagers hielden zich afzijdig en wilden zich niet branden aan een conflict met de directie of beticht worden van weerstand tegen verandering. De medewerkers waren betrokken bij hun werk en hadden het beste zicht op mogelijke consequenties vanuit klantperspectief.

Als het om ingrijpende veranderingen gaat, is het verstandig om de kennis en ervaring van medewerkers met de klant- en werkprocessen te benutten. Steun van het management is geen garantie voor een juist herontwerp van de organisatie. Het is verstandig om na te gaan waar weerstand vandaan komt. Als mensen tegen verandering zijn, komt dat soms omdat hun positie wordt bedreigd. Hun gedrag is dan een reactie op een actie van anderen die er zelf meestal niet op achteruitgaan. Vaker zijn mensen onzeker omdat er slecht over de verandering is gecommuniceerd. Hun terughoudendheid is dan een reactie op dom handelen van verandermanagers. Meestal willen mensen meedenken met een verandering. Dat ze dan niet altijd instemmen met een nieuw plan is geen teken van weerstand, maar van betrokkenheid. De medewerkers in dit bedrijf toonden geen weerstand, maar gezond verstand. Dat verstand kun je maar beter serieus nemen.

16

Wat doe ik fout, dat hij zo gek doet

Over zelfreflectie, waardering en vertrouwen

Er is altijd spanning tussen continuïteit en vernieuwing. Continuïteit stoelt op gebaande paden, regels en routines. Het gaat om exploitatie van bestaande kennis en routines. Bij exploitatie streven mensen naar zekerheid en efficiëntie. Exploitatie stabiliseert. Bij vernieuwing van diensten, producten of werkwijzen gaat het om exploratie. Bij exploratie gaan mensen op zoek naar vernieuwing. Exploratie trekt het bestaande in twijfel. Exploratie ontregelt.

De spanning tussen exploratie en exploitatie was een aantal jaren terug voor mij nog niet zo vanzelfsprekend. De directie van een financiële instelling had me gevraagd om een vernieuwingsproces vorm te geven. Het systeem voor het betalingsverkeer moest worden vernieuwd. Daardoor moesten ook de werkstromen en de structuur worden aangepast. Aan mij de schone taak om dit vernieuwingsproces te begeleiden.

Het vernieuwingsproces ging best goed. De bedrijfsprocessen waren zorgvuldig geanalyseerd en opnieuw vormgegeven. De nieuwe technische systemen waren volop in ontwikkeling en de contouren van de nieuwe organisatie begonnen zich af te tekenen. De directie steunde de nieuwe plannen en ook de ondernemingsraad zag de noodzaak van de veranderingen in. Alleen Piet, de manager operations betalingsverkeer, stelde voortdurend de innovatieplannen ter discussie. Wat een conservatieve man was dat. Hij wilde van geen verandering weten. Een goede manager vond ik hem niet, want voor management van stilstand hoefde je niets te doen, behalve op je handen te gaan zitten. Het ging tenslotte om management van verandering. En daar moest Piet niets van hebben.

Deze manager was toch wel een risico voor het project en toen ik een keer van het werk naar huis fietste ging ik eens nadenken: Wat maakt toch dat hij zo gek doet? Al fietsend liet ik het project nogmaals de revue passeren. Met de structuur leek niets mis en het nieuwe systeem leek in orde. Die 4 miljard gulden zou er elke dag probleemloos doorheen moeten gaan. Plotseling bekroop me een beklemmend gevoel: 4 miljard per dag! Wat zou er gebeuren als het betalingsverkeer in Nederland zou uitvallen?

Piet bleek al twintig jaar te zorgen voor ongestoord betalingsverkeer in Nederland. Feilloos ging er elke dag 4 miljard door een ingewikkeld stelsel van informatiestromen. In al die jaren had hij alle tijdlijnen gehaald en was hij geen cent kwijtgeraakt. En dan kwam ik, een externe projectleider met alleen oog voor vernieuwing en nauwelijks besef van de kwetsbaarheid van het betalingsverkeer. Ik had mezelf beter de vraag kunnen stellen: 'Wat doe ik fout, dat hij zo gek doet?'

Schoorvoetend ben ik de volgende dag aan het eind van de middag bij Piet langsgegaan. 'Uh, Piet, mag ik je even spreken?'

'Ja, ga maar zitten,' antwoordde Piet, zonder van zijn werk op te kijken.

'Tsja, uh, ik heb nog eens nagedacht over die hele vernieuwing, enne, het is toch wel een groot risico, want als het betalingsverkeer platvalt dan hebben we echt een probleem.'

Verbaasd keek Piet op en na een diepe zucht zei hij: 'Zo... Kom je er eindelijk achter, knul?'

'Uh, ja. En ik heb dat risico geloof ik erg onderschat,' antwoordde ik beschaamd.

'Dat heb je inderdaad en de ramp zou niet te overzien zijn als het mis zou gaan.'

Het was duidelijk dat Piet ook wel wat van mij vond: 'Een Amsterdams lefgozertje,' zo heeft hij me later verteld. Zelf belichaamde ik de exploratie en vernieuwing. Piet was de exploitatie, de stabiliteit en de continuïteit. We konden niet zonder elkaar, we hadden elkaar nodig. En zo is het ook gegaan. Samen hebben we gewerkt aan de vernieuwing van het betalingsverkeer: Piet met oog voor stabiliteit en continuïteit, ik met oog voor nieuwe mogelijkheden. Er is een nieuw betalingssysteem en een nieuwe werkorganisatie ingevoerd. Het betalingsverkeer is geen dag uit de lucht geweest en er is geen cent zoekgeraakt. Dankzij Piet.

In dit avontuur zitten veel leerervaringen: de spanning tussen exploratie en exploitatie kan worden benut om vernieuwingen te realiseren en tegelijkertijd risico's te vermijden en continuïteit te garanderen. Om die spanning te benutten is vertrouwen nodig. Daaraan moet je werken. In het opbouwen van vertrouwen is het makkelijker om je eigen gedrag te veranderen, dan om anderen te forceren om hun gedrag te veranderen. Om te snel oordelen te voorkomen en te werken aan onderling vertrouwen, kun je jezelf het beste afvragen: 'Wat doe ik fout, dat hij zo gek doet?'

Omgaan met het onverwachte

Tijdens de tocht blijven we alert op de weeromstandigheden en letten we op elkaar. Er doen zich altijd onverwachte momenten voor. De beek is onstuimiger dan we dachten en is schier ondoorwaadbaar op de plek die we voor ogen hadden. Het weer slaat plotsklaps om en verder lopen is te link. De afdaling is steiler dan we dachten en een van ons durft het niet aan.

17 Cultuuromslag

Waarom neuzen beter niet dezelfde kant op kunnen wijzen

Het afkondigen van een cultuuromslag lijkt een oplossing voor veel problemen. Het roer moet om en alle neuzen moeten dezelfde kant op. Dan zijn alle problemen zo opgelost.

Toen De Nederlandse Bank na het opsplitsen van ABN Amro en het debacle van Dirk Scheringa Bank haar maatschappelijke legitimiteit verloor, koos de minister voor een vlucht naar voren. Binnen twee maanden moest er een plan van aanpak voor een cultuuromslag liggen. Toen de Nederlandse Spoorwegen na haar verzelfstandiging klantgerichter moest gaan werken, startte de directie een cultuurprogramma. Toen patiënten wegbleven uit een ziekenhuis startte de Raad van Bestuur een cultuurtraject. Cultuurprogramma's zijn duidelijk populair bij ministers en managers die vinden dat anderen moeten veranderen.

Cultuurverandering is een van de meest genoemde en een van de meest lastige manieren om het functioneren van een organisatie te verbeteren. Een oorzaak voor de moeizame verandering van een organisatiecultuur ligt in de robuustheid van de heersende waarden en normen in organisaties. Ingesleten patronen zijn niet zomaar te veranderen. Voor medewerkers leidt een afgekondigde cultuurverandering dikwijls tot onzekerheid. Met het afkondigen van een cultuuromslag wordt hun in ieder geval duidelijk gemaakt dat hun gedrag niet deugt en dat ze moeten veranderen. Leidinggevenden hebben vaak moeite met een cultuurverandering omdat ze de cultuur zelf mede hebben vormgegeven. Zij zijn de vleesgeworden cultuur en het is niet eenvoudig om in je eigen vlees te snijden.

Na de presentatie van het plan over de cultuuromslag bij De Nederlandse Bank was de minister weer even uit de wind. Zo'n programma duurt namelijk zeker twee jaar en dat biedt goede mogelijkheden om uit de wind te blijven. Anderhalf jaar later was er opnieuw tumult, deze keer rond de staatssteun aan SNS Bank. Het plan voor de cultuuromslag wierp nog geen vruchten af, maar er werd hard aan gewerkt. Bovendien was dit voor de cultuuromslag en een cultuur verander je niet zomaar. Kort na de verzelfstandiging van de Nederlandse Spoorwegen kondigde de toenmalige directie een cultuurprogramma aan. De boodschap van het programma was helder: 'Laat de boodschap van het programma goed tot je doordringen. Die boodschap is: veranderen kan. Het kost veel tijd en energie, maar het is de moeite waard. Je kunt jezelf nieuwe vaardigheden eigen maken, je zwakke punten versterken. Leer om op andere manieren met je collega's samen te werken en geef met je gedrag het voorbeeld voor je medewerkers. Laat maar eens zien wat jij in je mars hebt.'

Het cultuurprogramma werd van bovenaf bedacht en van bovenaf gestuurd. Het richtte zich op gedragsaspecten en nam de tekorten van het personeel als vertrekpunt. Bij de Nederlandse Spoorwegen leerde men al snel dat dit niet werkte. Het personeel voelde zich niet serieus genomen en het programma leidde tot weerstand en conflicten. De conflicten leidden tot het opstappen van de directie en de Raad van Commissarissen. De nieuwe directie koos een andere koers. Het ging hun om de kwaliteit van de dienstverlening aan klanten en de vaktrots van mensen. De nieuwe directievoorzitter zei daarover: 'Het betekent dat je bevoegdheden moet durven delegeren, mensen ruimte moet geven, hun creativiteit moet aanspreken. Ik streef naar een cultuur die sterk is op die dimensies. Het werkt niet om een leiderschapsstijl te gebruiken die zegt dat je de meute vloekend vooruit moet jagen. Dat hebben ze in het verleden geprobeerd. Met respect voor elkaar gezamenlijk iets bereiken. Daar gaat het om. Respect voor elkaar en voor elkaars vakmanschap. Laten zien hoe je wilt werken. Cultuur is een woord dat ik nooit gebruik. Ik probeer leiderschap te laten zien en daar komt iets uit voort.'

De afgelopen jaren heeft de Nederlandse Spoorwegen hard gewerkt aan haar dienstverlening. Dat heeft zijn vruchten afgeworpen. De punctualiteit en het klantoordeel over het afgelopen jaar is hoger dan ooit. Daarnaast steeg ook de tevredenheid van medewerkers en daalde het ziekteverzuim.

In een ziekenhuis startte de Raad van Bestuur een cultuurveranderingsprogramma na de fusie van twee ziekenhuizen. Het begon goed. Op een groot feest werd de nieuwe naam van het ziekenhuis bekendgemaakt. In een conferentie met het management werd een gemeenschappelijke visie geformuleerd. Alle communicatiemiddelen werden gebruikt om die visie voor het voetlicht te brengen. De nieuwe identiteit was al zichtbaar in de nieuwe huisstijl. De nieuwe structuur stond. Maar de samenwerking tussen specialisten kwam niet van de grond en de spanningen tussen medici en verplegend personeel namen toe. Er ontstonden conflicten tussen de medisch specialisten en de Raad van Bestuur. De Raad van Bestuur deed er een schepje bovenop. Alle neuzen moesten dezelfde kant op wijzen en cultuursessies moesten daarbij helpen. De verandering liep vast. In de wandelgangen bleek dat niemand er nog vertrouwen in had dat de verandering ging lukken. Maar toen werd gekozen voor een werkconferentie met de leden van de Raad van

Bestuur en de medische staf met als thema: Hoe kunnen we elkaar vertrouwen en hoe kunnen we samenwerken. Het onbespreekbare werd opeens bespreekbaar. Over cultuurverandering werd niet meer gesproken. Het ging om de zorg aan de patiënt, elke dag weer. Van onderaf ontstonden initiatieven van verpleegkundigen en medici om de zorg zichtbaar te verbeteren. Terugkijkend trok de bestuursvoorzitter de conclusie: 'Cultuur is gedrag en nooit een doel op zich. Het gaat om kwaliteit in de dagelijkse zorgprocessen. Als dat goed gaat, kom je er zonder eraan te hoeven trekken.'

Cultuurprogramma's die zich uitsluitend richten op gedragsverandering zijn zinloos. Cultuurverandering lukt niet met een planmatige aanpak en sturing van bovenaf. Als alle neuzen dezelfde kant op wijzen, wordt variatie vernietigd en beklemmend groepsdenken gecultiveerd. Veranderen wordt dan steeds lastiger. Bedrijven die succesvol werken aan cultuurverandering noemen het nooit cultuurverandering en stoppen het niet weg in een programma. Cultuur is geworteld in het dagelijkse werk en in opvattingen hoe je je werk doet, in visie en in een helder dienstverleningsconcept. Leiders in cultuurverandering geven richting, creëren ruimte en vragen om resultaat. Als je de culturele ervaringen van anderen serieus neemt, verandert de cultuur geleidelijk en stapsgewijs zonder eraan te sjorren, te duwen of te trekken.

18

Destructie

Onverschrokken nieuwe wegen inslaan

Het opleidingsprogramma voor organisatieadviseurs was aan vernieuwing toe. Dat vond ik tenminste zelf toen ik aantrad als rector van Sioo, een interuniversitair opleidingsinstituut voor organisatie- en veranderkunde. Het programma was jarenlang succesvol. Toch sloot het naar mijn idee niet langer aan bij actuele inzichten in het vakgebied van organisatieadviseurs. De vraag drong zich op of de adviseur van de toekomst nog te vangen is in generieke eindtermen? Een tweede vraag was of advieswerk alleen vanuit respectabele bureaus zou worden uitgevoerd? Of zouden adviseurs meer op zichzelf staan en netwerken bouwen rond specifieke opdrachten? Deze twijfels over de toekomst van organisatieadviseurs leidde tot enkele ambitieuze vragen: is er een programma te maken voor topadviseurs dat de variëteit aan adviseurs waardeert? Is er een programma te ontwikkelen dat een brede kennisbasis accepteert en daarmee speelt?

Enthousiast over de nieuwe mogelijkheden ging ik in gesprek met de docenten van het bestaande programma. Daar werd al snel duidelijk dat mijn enthousiasme niet werd gedeeld. Het bestaande programma werd beschouwd als het vlaggenschip van Sioo, in ieder geval door de docenten die er een rol in speelden. Die docenten vormen met elkaar een krachtig team en daarmee ook een machtig team. Ze lieten weinig andere mensen en zeker geen andere meningen toe. Bovendien waren de docenten ervan overtuigd dat de opleiding uniek was. We voerden veel debatten over de toekomst van het vak en de betekenis daarvan voor het programma, maar die leidden tot weinig klaarheid. De vernieuwing zat muurvast.

Wat doe je als leider als je ervan overtuigd bent dat vernieuwing nodig is, terwijl de direct betrokkenen het inhoudelijke gesprek niet aan willen gaan, zich afkeren van andere invalshoeken en geen mensen toelaten met andere meningen en ervaringen? Er ontwikkelde zich een

inhoudelijke fixatie omdat het gesprek verzandde, en een sociale stagnatie omdat andere mensen en invalshoeken niet werden toegelaten. In dit soort situaties kun je proberen om andere invalshoeken van buitenaf binnen te brengen, of om zelf eens ergens anders te gaan kijken. Als dat niet lukt, kun je altijd nog het proces bespreekbaar maken en kijken of je zo ruimte voor vernieuwing kunt realiseren. Maar als de inhoud van het spel niet bespreekbaar is, mensen geen ander speelveld willen betreden, de spelregels niet besproken kunnen worden en mensen geen ander spel willen spelen, dan is er nog maar één optie mogelijk: ingrijpen en spelers wisselen.

Na een jaar praten vond ik het genoeg. Niet alleen kwam het herontwerp geen steek verder, ook de aantallen deelnemers liepen terug. Er moest iets gebeuren. Uiteindelijk heb ik besloten om te stoppen met de opleiding en het team te ontbinden. Het vlaggenschip werd vernietigd om een nieuw ontwerp en een nieuw team een kans te geven. Dit was een stevige beslissing gestoeld op ambitie. Het was ook een beetje een naïeve beslissing. Zelf had ik het idee dat een nieuw programma in negen maanden te realiseren was. Dat bleek veel te optimistisch. Het ontwerpen van een goed doordacht leerproces en het bouwen van een nieuw team kostte anderhalf jaar. Tijdens het herontwerp kwam er geen geld binnen, terwijl er wel kosten werden gemaakt.

Ik leerde hieruit een relevante les: innovatie kost tijd en geld, en als je eerst destructie pleegt duurt het creatieproces langer.

Er speelde nog iets mee: de bestaande opleiding had een sterke reputatie. Veel adviseurs ontleenden aan deze opleiding hun eigen reputatie. Door deze activiteit te vernietigen, werd hun een deel van hun identiteit en reputatie ontnomen. Dat had ik over het hoofd gezien. De communicatie naar docenten en marktpartijen had gerichte aandacht gekregen, maar de communicatie naar oud-deelnemers niet. En die waren goed opgeleid zodat ze hun stem lieten horen. Hieruit viel nog een tweede les te trekken: professionals identificeren zich met hun professie. Daaraan ontlenen ze hun identiteit en zekerheid. Die betrokkenheid en emotie kun je nooit ontkennen.

Het nieuwe topprogramma voor organisatieadviseurs is in anderhalf jaar tijd gerealiseerd en het is een van de meest geavanceerde opleidingsprogramma's voor adviseurs dat ik ken. Ik vraag mezelf nog steeds af of ik de moed had gehad voor destructieve vernieuwing als ik de kosten van de investering had voorzien. Soms kun je geloof ik maar beter vertrouwen op je intuïtie en je ambitie zonder je te veel door cijfers te laten leiden. Maar de belangrijkste les is wel dat echte innovatie alleen mogelijk is door het bestaande te vernietigen, ook als dat succesvol is. Daar is moed voor nodig, en optimisme. En een zekere mate van naïviteit, want alleen onverschrokken kun je tot iets geheel nieuws komen.

19

Het goed doen of het goede doen?

Lef tonen door nieuwe paden te kiezen

Met het overgrote deel van de kinderen in Nederland gaat het goed. Een klein deel van de kinderen heeft problemen. Dan is er hulp nodig. In ons land zijn er talloze instanties die hulp bieden aan kinderen en hun ouders. De hulpverleners in deze organisaties doen hun uiterste best om de jeugd een toekomst te geven.

Anton is zeven jaar. Thuis wordt hij mishandeld door zijn moeder. Zijn vader heeft hen dan allang verlaten. Als Anton vijftien is, wordt hij opgepakt voor vernielingen en winkeldiefstal en naar een tuchtschool gestuurd. De tuchtschool stimuleert hem niet om te leren. Op zijn zestiende stopt hij met school en gaat hij zwart werken. Op de tuchtschool begon Anton met het roken van wiet. Twee jaar later gebruikt hij hard drugs en wordt hij opnieuw opgepakt voor winkeldiefstallen. Als Anton twintig is, krijgt hij onderdak in een begeleide woonomgeving. Een jaar later wordt hij veroordeeld voor winkeldiefstallen met geweld en naar een jeugdgevangenis gestuurd. Enkele maanden later komt hij weer op straat. Er volgen jaren van overtredingen en winkeldiefstallen. Als Anton zesentwintig is wordt hij zes maanden opgesloten. Daarna komt de hulpverlening echt op gang. Reclassering houdt toezicht, hij krijgt trainingen, wordt opgenomen in een project voor begeleid wonen en krijgt een psychiater toegewezen. Toch gaat het weer mis en wordt hij opnieuw opgepakt en veroordeeld tot een gevangenisstraf. Als hij uit de gevangenis komt zijn er meerdere toezichthouders, behandelaars, ordehandhavers en hulpverleners die voor hem zorgen. Het gaat even goed maar daarna valt hij terug in drugsgebruik en diefstallen. Uiteindelijk pleegt hij zelfmoord.

Het verhaal van Anton is het verhaal van een veelpleger die niet in staat was zijn leven op orde te krijgen. Van zijn zevende tot zijn dertigste had Anton te maken gehad met zestig professionals uit achttien verschillende instanties. Zestig hulpverleners waren niet in staat geweest om een kind van zeven een toekomst te geven. Toch hadden ze allemaal hun best gedaan. De hulpverlener zag Anton als een hulpvrager en gaf nabije zorg. Voor de psychiater was Anton een patiënt die door behandeling en medicijnen zich moest kunnen redden. De politie zag hem als een ordeverstoorder die in overtreding was. De aanklager zag Anton als een recidivist die met drang en dwang op het rechte pad moest worden gebracht, en de rechter zag hem als een schuldige die in detentie moest worden geplaatst. En Anton? Die raakte steeds meer de grip op zijn leven kwijt. Alle professionals hadden zich maximaal ingezet en zich over Anton ontfermd. Ze hadden de protocollen in acht genomen en de regels gevolgd. Ze hadden het goed gedaan.

Marijke is voogd. Ze komt geregeld op bezoek in het gezin van Johan en zijn broertje Martijn. Johan mag weer thuis wonen nadat hij eerder uit huis was geplaatst omdat het thuis onveilig was. Als voogd houdt Marijke toezicht hoe het gaat met Johan. Tijdens een van de huisbezoeken merkt ze op dat Martijn zich teruggetrokken gedraagt. Maar ja, ze gaat niet over Martijn. Toch laat het haar niet los. Ze gaat langs bij de onderwijzeres van Martijn en hoort dat Martijn zich in de klas steeds meer terugtrekt en concentratieproblemen heeft. De gymleraar vertelt haar dat Martijn veel blauwe plekken heeft. De huisarts zegt haar dat hij niets kan vertellen wegens medisch geheim, maar raadt haar aan om actie te ondernemen. Maar wat kan ze doen? Ze heeft niet de voogdij over Martijn en een melding bij het meldpunt kindermishandeling duurt haar te lang. Ze overlegt met de onderwijzeres. Samen spreken ze met ouders van de vriendjes van Martijn en Johan en ze vragen of de twee broertjes een tijdje mogen komen logeren. Dat is prima en zo zijn beide broertjes ondergebracht bij hun vriendjes in huis. Het gaat al snel heel goed met Martijn en Johan. Toch heeft Marijke het niet goed gedaan.

Marijke had twee kinderen onttrokken uit de ouderlijke macht. Ze had twee kinderen ondergebracht bij een gezin dat niet eens een pleeggezin is. Ze had gehandeld zonder indicatie of rechtelijk bevel. Ze had zich niet aan de protocollen gehouden en regels overtreden. Ze was buiten haar boekje gegaan.

Met Martijn en Johan gaat het nog steeds goed. Ze zijn in het gezin blijven wonen bij hun vriendjes en er is een bezoekregeling afgesproken met hun ouders. Marijke was ontzettend trots toen Martijn haar laatst vertelde: 'Weet je wat ik later ga doen? Ik ga sociale hulpverlening studeren, net als jij!' Terugdenkend aan de afgelopen jaren weet ze: ik heb het goede gedaan.

Het is een lastige keuze: protocollen volgen of regels overtreden en buiten je boekje gaan. Veel professionals kiezen voor de veilige weg en worden daarin gesteund door hun leidinggevenden, hun bestuurders en hun toezichthouders. Andere professionals willen niet de gebaande paden volgen, maar slaan nieuwe wegen in. Zij kiezen ervoor om het goede te doen. Mensen die het goede doen, laten zich leiden door het resultaat: de toekomst weer in de ogen van kinderen zien. Daar is lef voor nodig en professionele volwassenheid.

Om als professional waarachtig te blijven, kun je het beste je passie en professie volgen. Mensen die vanuit deze passie initiatieven nemen om zo vernieuwing te realiseren, verdienen steun van bestuurders, politici, beleidsdenkers én van hun eigen managers. Een kernvraag voor leiders en managers is: durf jij ruimte te geven zodat professionals het goede kunnen doen?

20 Wendbaarheid

Over vooruitzien en strategisch acteren

De plotselinge omzetvermindering van twintig procent kwam niet als verrassing. Hans had de crisis in de schildersbranche al zien aankomen. Als directeur van een verfgroothandel wist hij dat de economische crisis niet aan hem voorbij zou gaan: 'Je kon erop wachten. Als er een financiële crisis is in Amerika, dan heeft dat effect op de echte economie, dat kan niet anders. En een economische crisis in Noord-Amerika slaat over naar Europa, dat is logisch met de huidige wereldwijde verwevenheid van economische activiteiten. Een economische crisis heeft als eerste een diepe impact op de bouwbranche, want er is minder geld beschikbaar om langetermijninvesteringen te doen. Bovendien is die financiële crisis begonnen bij de huizenmarkt, wat verwacht je dan? Het is niet de vraag of de schildersbranche wordt getroffen, het is de vraag wanneer, hoe heftig het zal zijn en hoe lang het gaat duren. Maar je kunt het zien aankomen, jaren van tevoren, en dan kun je ervoor zorgen dat je er klaar voor bent.'

Veel ondernemers en managers van bedrijven zijn minder alert als zich een crisis aandient. Dan ben je er niet klaar voor en heb je nog weinig mogelijkheden om ondernemend te zijn en strategisch te acteren. Managers raken vaak in paniek als een crisis ook hun bedrijf treft. De gebruikelijke strategie is om te snijden in de kosten. Het begint bij het opleidingsbudget, dan volgt het marketingbudget, daarna wordt gekeken of de productie niet goedkoper kan, vervolgens worden verliesgevende bedrijfsactiviteiten afgestoten en ten slotte vliegt er personeel uit. Als je niet vooruitkijkt, zit er waarschijnlijk weinig anders op dan over te gaan tot kostenreductie. Dat lijkt de kortste weg naar herstel, maar vaak is het een doodlopende weg.

Hans keek wel vooruit en koos een andere strategie. Hij koos voor marktgericht acteren. Dat betekende: alert zijn op wat er in de markt speelt, niet in paniek raken, wendbaar zijn, je richten op klant en omgeving, je ogen openhouden en kansen pakken.

De eerste stap was om een sterke financiële positie op te bouwen zodat het bedrijf een stootje kon hebben. Hans had als grootaandeelhouder afgezien van dividendbetalingen aan hemzelf en hij had de andere grootaandeelhouders gevraagd om zijn voorbeeld te volgen. Daarna ging hij in gesprek met de verfproducent en bedong hij dat de prijzen van de verfleveranties niet omhoog zouden gaan, ook al waren de grondstoffen duurder geworden. Zijn aanbod was om samen te ondernemen en klaar te staan voor de schildersbedrijven vanuit de gedachte dat trouwe klanten goud waard zijn, juist in crisistijd. Waar andere verfproducenten en verfgroothandels hun prijzen verhoogden, hield Hans ze stabiel. Zo wierf hij nieuwe klanten. Waar andere verfgroothandels hun kredietmogelijkheden beperkten, bood Hans trouwe klanten juist meer financiële ruimte. Zo maakte hij vrienden.

Een tweede stap was om te blijven investeren in klantrelaties en innovaties. Europese maatregelen bepalen dat verf op basis van oplosmiddelen wordt verboden ten gunste van watergedragen verf. De verkopers wisten dat schilders sceptisch zijn en het gebruik van watergedragen verf afwijzen. Vanuit kennis met Europese regelgeving, een goede relatie met verfproducenten en gevoel voor wat er onder schilders leeft, namen de verkopers initiatief. Ze gingen zelf op cursus bij de producent en nodigden daarna schilders uit in de winkels voor workshops over goed en gezond werken met watergedragen verf. De workshops waren een succes. De schilders hadden minder werk en juist nu tijd voor een workshop. En als ze toch in de winkel waren, namen ze gelijk een paar blikken verf mee. Hierdoor steeg de omzet en werd er geïnvesteerd in klantcontacten. Omdat de verkopers het ook minder druk hadden, gingen ze de workshops eveneens geven in de vakopleiding voor schilders. Daarmee wierven ze toekomstige klanten. De verfgroothandel versterkte met deze acties haar marktpositie. Het bedrijf investeerde in vernieuwing van producten, intensiveerde het klantcontact, verdiepte haar productassortiment en had oog voor innovatie van producten en diensten.

Een derde stap was om slagvaardig en kostenbewust te handelen. Toen een directeur besloot te vertrekken, werd hij niet vervangen en nam de directeur-aandeelhouder de taken over. Daarmee liet hij zien dat ook van hem een bijdrage mocht worden verwacht in kostenbewust handelen. Er werd kritisch naar het assortiment gekeken en het voorraadbeheer werd aangescherpt zodat liquide middelen vrijkwamen. In de jaren die volgden nam het bedrijf zes concurrenten over waarmee het financieel slecht ging. Daarmee creëerde het bedrijf een sterkere marktpenetratie en won het aan schaalgrootte waardoor de bedrijfskosten gemiddeld lager uitvielen. Door grotere volumes in de afname van verf kon de verfgroothandel een betere inkoopprijs bedingen bij de producenten waardoor de marges vergrootten en de financiële positie verder versterkt werd.

De verfgroothandel doet het nu erg goed, zeker in vergelijking met haar concurrenten. Ze wint marktaandeel en ziet haar omzet stijgen in een markt die met twintig procent krimpt.

De les uit dit verhaal is dat het in crisistijd niet primair gaat om het snijden in kosten en personeel. Leiders die gevoel hebben voor markt, klant en omgeving kunnen tijdig de bakens verzetten. Als je als ondernemer een crisissituatie ziet aankomen, kun je investeren in vernieuwing en marktgericht werken. Een eenzijdige focus op kostenbesparing genereert een negatieve spiraal. Juist in crisistijd gaat het om innovatiekracht en klantnabijheid.

Zoeken naar doorwaadbare plekken

Eenmaal op pad door het onbekende landschap is het iedere keer weer zoeken naar en het vinden van oplossingen om verder te gaan en de tocht te volbrengen. Soms leidt dat tot spanningen binnen de groep. Door de spanningen met elkaar te bespreken, vinden we altijd een oplossing waarin iedereen zich kan vinden en kunnen we voort op onze tocht.

21

Broodje management

Managers als bijzondere kracht in verandering

Het verandertraject deed ik volgens het boekje. Het ging om een fusie van twee bedrijven in de zakelijke dienstverlening, en ik was gevraagd om het fusieproces te begeleiden. Enthousiast ging ik aan de slag. Eerst werden de achtergronden en de uitgangspunten voor de nieuwe organisatie gepresenteerd aan al het personeel. De fusie zou leiden tot een krachtig nieuw bedrijf met meer mogelijkheden in de internationale markt. Niemand hoefde voor zijn baan te vrezen en er kwamen veel mogelijkheden om je als medewerker verder te ontplooien.

Om zicht te krijgen op wat er allemaal speelde, werd aan alle medewerkers een vragenlijst voorgelegd. Bedrijfsprocessen werden geanalyseerd en cultuurverschillen in kaart gebracht. De gegevens uit de vragenlijst werden vervolgens besproken in groepsgesprekken met medewerkers en managers. Gaandeweg begonnen zich de contouren af te tekenen van de nieuwe organisatie, de werkprocessen en de nieuwe bedrijfscultuur waarbij de krachtige elementen in de twee bedrijfsculturen overeind bleven. Met het topmanagement werd de strategische koers vastgesteld voor de gefuseerde onderneming. Zo ontstond een beeld van de huidige situatie en de toekomstig gewenste situatie en kon een veranderroute worden uitgezet.

De nieuwe organisatievorm werd gepresenteerd aan het voltallig personeel. Daarbij was er ook aandacht voor de transitie van de bestaande naar de nieuwe organisatie.

Behalve de strategische koers, de nieuwe werkstructuur en de gewenste cultuur was er ook aandacht voor het integratieproces en de plaatsingsprocedure voor leidinggevenden en medewerkers. Er was niets aan het toeval overgelaten en er was goed nagedacht hoe de plaatsing van het personeel eerlijk zou verlopen. Voor iedereen was er een plek in de nieuwe organisatie. Na afloop van de presentatie klonk er spontaan applaus van de mensen in de zaal. Mensen herkenden zich in het verhaal. De fusie en het veranderingsproces waren geaccepteerd en genereerden zelfs enthousiasme bij het personeel.

De maandagochtend na de presentatie liep ik door het kantoor en ik voelde het direct: er was iets. Alleen was me niet duidelijk wat. De sfeer leek anders. Opeens besefte ik dat alle deuren van de managers gesloten waren. Dat was ongewoon. Normaal stonden de deuren open, kwam je mensen op de gang tegen en maakte ik hier en daar een praatje. Nu heerste er een ijzige stilte en dat gaf me een onbehaaglijk gevoel. Wat was er aan de hand? Tot ik voorbij de kamer van Frans liep. Zijn deur stond open.

'Zo huichelaar, bedrieger' klonk het kwaad uit de kamer van Frans.

Ik stond perplex. 'Hoe bedoel je dat,' vroeg ik beduusd, want Frans en ik hadden een goede band en we waardeerden elkaar.

'Je hebt de boel bedonderd en ons erin geluisd. Je hebt ons nooit verteld dat de herinrichting van de werkprocessen zou betekenen dat de helft van de managers hun positie als leidinggevende gaan verliezen.'

'Ja, maar... Het was toch duidelijk dat met de invoering van klantenteams de teams veel meer zelf kunnen sturen en regelen en dat er minder managers nodig zijn. Bovendien staat in de uitgangspunten voor de nieuwe organisatie dat het aantal hiërarchische niveaus wordt teruggebracht. En niemand wordt ontslagen of gaat er in arbeidsvoorwaarden op achteruit, ook de managers niet,' antwoordde ik besmuikt. Al tijdens het antwoord voelde ik dat een beroep op eerdere uitgangspunten niet de beste manier was om met de emotie van Frans om te gaan.

Het antwoord maakte Frans alleen maar kwader. 'Je bent onbetrouwbaar,' siste hij me toe.

Het is goed gekomen tussen Frans en mij en ook met de fusie van de twee bedrijven. Frans heeft me veel geleerd. Leidinggevenden en managers zijn de bouwers en de cultuurdragers van de organisatie. Het is onvoldoende om ze alleen te laten participeren in inhoudelijke kwesties zonder specifiek aandacht te geven aan hun persoonlijke beleving, individuele onzekerheden, eigen ambities en drijfveren. Als deze persoonlijke kwesties worden miskend, creëer je een leemlaag van managers die schijnbaar niet willen veranderen. De druk van onderaf wordt opgevoerd door participatie van het personeel die nieuwe ideeën opperen. De druk van bovenaf groeit door de nieuwe strategische visie van het topmanagement. Eigenlijk maak je een broodje management: door de druk van boven en van beneden valt het management er als vanzelf tussenuit.

De inbreng van managers is essentieel voor een succesvol veranderproces. Als die inbreng beperkt blijft tot inhoudelijke kwesties miskennen we managers als bijzondere kracht in verandering. Van Frans heb ik geleerd dat juist managers behoefte hebben om ook mee te denken en te praten over hun eigen rol in de nieuwe organisatie. Aparte aandacht voor deze bijzondere groep betrokken mensen is essentieel om integer te kunnen handelen en succesvol te veranderen.

22

De kracht van conflict

Waarom je maar beter de waarheid kunt zeggen

Het fusieproces verliep voorspoedig, totdat bleek dat de commerciële jongens niet samen wilden gaan met de mensen van de administratie. Daarmee kwam het nieuwe werkconcept van klantenteams in gevaar. Het leek me verstandig om eens te gaan praten met de mensen van de commerciële afdeling.

In het gesprek met twintig verkopers deed de een nog stoerder dan de ander en boden ze tegen elkaar op hoeveel omzet ze wel niet hadden binnengehaald. Je kreeg bijna het idee dat het bedrijf alleen kon voortbestaan door hun inspanning en succes. Echter, het bleek dat de grootste omzet werd behaald door mensen van de administratie die zich inzetten voor contractverlengingen. De omzet door nieuwe contracten was minder dan tien procent.

In mijn bespreking met de commerciële jongens voegde ik ze toe: 'Jullie moeten niet doen alsof jullie het geld verdienen en daarom een hogere status hebben dan de mensen van de administratie. De administratie heeft veel meer contact met klanten en negentig procent van alle business komt voort uit contractverlengingen die door de administrateurs worden afgesloten. De administratie is commerciëler dan jullie allemaal bij elkaar, dus er is geen reden om zo arrogant te doen.'

Met deze uitspraak spatte de bijeenkomst uit elkaar. Mensen liepen scheldend weg en gaven aan dat ze niet meer met me wilden praten.

Na deze dramatische afloop ging ik direct naar Peter, de directievoorzitter. 'Ik heb het project verknald' viel ik met de deur in huis.

'Ga even rustig zitten. Vertel eens: wat is er gebeurd?'

Terwijl ik mijn verhaal deed, zag ik een twinkeling in zijn ogen die ik niet begreep. 'Hoe zou je het nu verder kunnen aanpakken?' vroeg hij me. Samen ontwikkelden we vervolgens enkele interventies om het proces vlot te trekken.

Daarna vroeg hij mij: 'Welke van deze alternatieven zou je kiezen?'

Nadat ik antwoord op deze vraag had gegeven zei hij rustig: 'Dat zou ik dan maar doen.'

Het gekozen alternatief was om meer feiten te verzamelen over de verkoop- en omzetcijfers. Ik verzamelde voorbeelden van geslaagde en misgelopen verkopen en contractverlengingen van de administrateurs en de verkopers. Ik achterhaalde in verkoopdossiers en bij klanten waarom een verkoop of verlenging niet was doorgegaan. Ook ging ik op zoek naar positieve voorbeelden waar verkopers en administrateurs door samenwerking resultaat hadden geboekt. Daarna organiseerde ik een middag en avond waarvoor ik verkopers, administrateurs en klanten uitnodigde. Aan de hand van concrete klantervaringen en het bespreken van positieve resultaten ontstond er die middag een gunstige sfeer. In de avond kwamen de negatieve klantervaringen op tafel. Uit de klantverhalen bleek dat verkopen niet door waren gegaan door traagheid en administratieve ballast die ontstond in het samenspel tussen commercie en administratie.

In een tweede sessie keken we naar de feitelijke omzet- en verkoopcijfers van commercie en administratie. In concrete cases gingen we op zoek waar knelpunten speelden en hoe die konden worden aangepakt. Gaandeweg ontstond er waardering voor elkaars kracht en ieders bijdrage aan omzet en resultaat. Er was een derde sessie nodig om samenwerkingsverbanden te smeden en nieuwe werkwijzen uit te werken. Het samenbrengen van commercie en administratie in klantgerichte teams was nog een stap te ver, maar de basis was gelegd. In het nieuwe organisatieplan zijn bedrijfsunits gevormd rond klantgroepen. Binnen de nieuwe bedrijfsunits was er ruimte om de relatie tussen commercie en administratie naar eigen inzicht in te richten. Vier van de vijf units hebben gekozen voor integrale klantenteams. De unit voor dienstverlening aan internationale grote bedrijven heeft een eigen commerciële afdeling gehouden.

In latere gesprekken met commercieel medewerkers hebben we smakelijk gelachen om de sessie waar ik alleen werd achtergelaten door scheldende verkopers. 'Ja, eigenlijk had je wel gelijk, maar dat konden we natuurlijk niet naar elkaar tonen. We zaten zo scherp op omzetcijfers en onderlinge concurrentie, dat het een teken van zwakte zou zijn geweest om jou gelijk te geven. Dat ging gewoon niet. Je was ook wel erg denigrerend met je scherpe tong, dat konden we gewoon niet accepteren. En we waren boos omdat zichtbaar werd dat we helemaal niet zo commercieel zijn en vooral met onszelf bezig waren. Misschien waren we nog wel het meest boos op onszelf, maar ja, dat kon natuurlijk niet want we waren wel de helden van de organisatie, tenminste zo zagen we onszelf. Jij was een mooie afleider en buitenstaander waarop we onze agressie konden richten.'

De terugblik met de directievoorzitter was ook leerzaam. Zelf zei hij daarover: 'De situatie bij commercie heeft mij veel alerter gemaakt op positieve en negatieve signalen en hoe ik die moet wegen. Sinds ik directievoorzitter ben vertellen mensen niet meer wat ze onhandig hebben aangepakt. Ik besefte dat de informatie die ik kreeg altijd vertekend was en dat ik minder werd betrokken bij afwegingen die mensen maken voordat ze me een beslissing voorleggen. Ik vond het prachtig hoe je binnenkwam, om naar je verhaal te luisteren en om samen strategieën af te wegen. Bovendien had je in mijn ogen niets fout gedaan. Soms moet je onverbloemd de waarheid zeggen en de boel laten escaleren. Anders komt er nooit beweging. De aanpak die je hebt gekozen was echt briljant, vooral door de buitenwereld naar binnen te halen en klanten aan het woord te laten. Daar kunnen de verkopers natuurlijk niets tegen inbrengen. En het bespreken van positieve en negatieve voorbeelden aan de hand van concrete casuïstiek heeft erg goed gewerkt. Dan sluit je aan bij hun emoties en ambities. Misschien was je eerst wat te ruw, maar daarna heb je het heel knap opgepakt.'

Zijn conclusie verraste me. In mijn ogen was het de directievoorzitter zelf geweest die me had geholpen de juiste keuzes te maken, en zo precies had ik die interventies nu ook weer niet doordacht.

De laatste les uit dit verhaal is hoopvol: je hoeft niet altijd direct raak te schieten als het om interventies gaat omdat je altijd kunt voortbouwen op eerdere interventies, ook als die niet doeltreffend waren.

23
Trauma's

Het onbespreekbare bespreekbaar maken

Het veranderingsproces bij de hypotheekbank ging soepel en de integratie van bankzaken en verzekeringsproducten liep op rolletjes. Het was nu aan de directie en het managementteam om de definitieve beslissing te nemen over de verdere invoering van de integratie.

De beslissing van directie en managementteam was al een paar keer uitgesteld. Iedere keer vroegen ze om nieuwe informatie of wilden ze nog even de resultaten van de pilotteams afwachten: 'Het ziet er goed uit, maar laten we nog even de proef helemaal afmaken totdat we zeker weten dat het goed gaat', 'Ik zou toch nog wel willen zien of de klanttevredenheid ook op de langere termijn omhoog blijft gaan' en 'Is er wel een risicoanalyse gemaakt van de administratieve organisatie'.

Keer op keer kwamen er nieuwe vragen op, zonder dat een besluit werd genomen.

Twee maanden later was de beslissing nog steeds niet genomen. 'We zien dat het heel goed gaat en dat de klanten tevreden zijn, maar...', 'Ja, de mensen in de teams werken nu prima samen, dat is prachtig, maar...', 'Ik begrijp dat de laatste technische problemen nu ook zijn opgelost, maar...'. Wat er na iedere 'maar' kwam, dat deed er eigenlijk weinig toe. Er werd geen besluit genomen. In de organisatie begonnen mensen er nu ook over te praten en de geloofwaardigheid van de directie kwam onder druk te staan. Daarmee kwam ook de voortgang van de integratie in gevaar. Er moest iets gebeuren. Maar wat?

Als een Sherlock Holmes ging ik op onderzoek uit. Er moest iets zijn voorgevallen. Iets wat ik niet direct zag. Eerst maar eens met een paar mensen praten. 'Nee, we nemen hier geen enkel risico, dat hebben we wel geleerd.'

'Hoezo dat?' vroeg ik nieuwsgierig.

'Dat is levensgevaarlijk.'

'Hoe bedoel je dat?'

'Je zit hier wel in een bankbedrijf, jongen.'

En verder kwam ik niet. Daarop besloot ik maar eens de geschiedenis in te duiken. In het archief trof ik een krantenartikel aan met de kop: 'Hypotheekbank aan rand van afgrond'. Een tweede artikel had als kop: 'Hypotheekbank op omvallen'. Beide artikelen waren vijftien jaar oud. Uiteindelijk stond in de krant: 'Hypotheekbank gered. Huizenbezitters uit gevarenzone'. Wat was er gebeurd?

Uit de krantenarchieven leidde ik af dat de hypotheekbank vrijwel failliet was gegaan door het nemen van te grote risico's in de kredietverlening. Er waren mooie groeicijfers gepresenteerd, maar niemand had op de risico's gelet. Toen door een economische crisis bedrijven failliet gingen en huiseigenaren moeite hadden om hun hypotheek te betalen, kwam ook de hypotheekbank in de problemen. Uit verhalen met oud-medewerkers begreep ik dat het managementteam drie weken lang, dag en nacht heeft gewerkt om de portefeuille te schonen, risico's in te dekken en hypotheken veilig te stellen. Er stonden veldbedden in het kantoor en ook in de weekenden werd er doorgewerkt. De managers van toen zijn erin geslaagd om de hypotheekbank te redden. Uit de reconstructie bleek dat de huidige directieleden en managers in meerderheid betrokken waren geweest bij de reddingsoperatie van de bank vijftien jaar geleden. Toen hebben ze met elkaar onbewust afgesproken: 'We nemen nooit meer een risico, dat is levensgevaarlijk.' En kennelijk was de ervaring zo traumatisch dat er ook niet meer over gesproken kon worden.

In een nieuwe bespreking met directie en management werd opnieuw geen beslissing genomen. Op ontspannen toon vroeg ik toen: 'Goh, het valt me op dat we zes keer niet tot een besluit zijn gekomen. Dat levert een behoorlijk risico op, vooral voor het aanzien van de directie bij het personeel en de toekomst van het bedrijf. Zijn jullie eigenlijk bang voor risico's?' Er viel een diepe stilte en ik ging verder: 'Wat is er eigenlijk vijftien jaar geleden gebeurd?' Nu begonnen de mannen onrustig op hun stoel te schuiven. 'Toen was de bank bijna failliet, toch?' ging ik door.

Met tranen in zijn ogen zei een directielid: 'Dat was een vreselijke tijd. Daar willen we het niet over hebben. We hebben het toen gered. Dat is genoeg.'

'Waarom willen jullie het er niet over hebben? Het is toch geweldig dat jullie het toen gered hebben? Vertel eens, wat maakte dat jullie toen succesvol waren?'

Het was spelen met vuur, dat voelde ik. Even later zaten vier mannen met tranen in hun ogen en tien anderen konden geen woord uitbrengen. Hortend en stotend kwam het verhaal eruit. Dat ze het gered hadden door teamspirit. Dat ze zich schaamden dat ze het zover hadden laten komen. Dat ze blij waren dat ze het gered hadden, maar dat ze er niet trots op waren.

'Dus jullie hebben het nooit gevierd dat jullie huizenbezitters hun huis hebben laten houden en dat de bank nog bestaat?' vroeg ik op verbaasde toon. Met grote ogen keken ze me aan. 'In plaats daarvan hebben jullie met elkaar afgesproken nooit meer risico te nemen, en daardoor houden jullie nu vernieuwing tegen en zetten jullie de toekomst van de bank op het spel.'

De bijeenkomst heeft vervolgens nog lang geduurd, ook al is er weinig gesproken. Twee weken later besloten de directie en het managementteam om de vernieuwing door te zetten, na een aanvullend onderzoek naar risicobeheersing.

Soms stagneert een verandering terwijl niet helder is waarom. Het kan dan helpen om op zoek te gaan naar mogelijke achtergronden. Soms stuit je dan op gebeurtenissen in het verleden waar iedereen liever over zwijgt. Het is lastig om die belemmering bespreekbaar te maken, vooral als die ervaring traumatisch is en mensen onbewust hebben afgesproken om het er nooit meer over te hebben. Toch is het nodig om die ervaring naar boven te halen. Dat kan door de ervaring te verbinden met het heden en de toekomst. Het is spelen met vuur, want je weet niet hoe er wordt gereageerd. Maar niets doen is geen optie, dus kun je het risico maar beter nemen als een verbaasde kabouter.

24

Emoties

De verborgen kracht van emoties

De bedrijfsanalyse van een productiebedrijf gaf aanleiding tot een structuurwijziging. Daarmee zou het bedrijf wendbaarder worden en beter kunnen inspelen op de markt en de wensen van klanten. Het aantal hiërarchische niveaus werd verminderd en taken werden samengevoegd. Dit had ook consequenties voor de samenstelling van de directie. Als je zuiver organisatiekundig keek, kon het aantal directieleden worden teruggebracht van vijf naar drie. Ik besprak de situatie met de directievoorzitter die mijn gezichtspunt deelde. De directievoorzitter zou individueel met alle vier de directeuren praten en duidelijk maken dat er voor de directeur commerciële zaken en de directeur bedrijfsvoering geen plek meer was in de nieuwe organisatie.

Na een week vroeg ik hem hoe de gesprekken waren gegaan. Met de twee directeuren die zouden blijven, waren de gesprekken goed verlopen. Met de directeur commerciële zaken had hij goede afspraken gemaakt over het afbouwen en overdragen van zijn werk. De man ging bijna met pensioen en er was een goede regeling afgesproken. Met Erik, de directeur bedrijfsvoering, had hij nog niet gesproken. Dit was zonneklaar het meest lastige gesprek. Mijn intuïtie vertelde me dat het verstandig was om het gesprek te oefenen met de directievoorzitter, en zo hebben we het gesprek geoefend waarbij we afwisselend de rol van directievoorzitter en directeur bedrijfsvoering hebben gespeeld.

Op een avond was er een sessie gepland met de directie over de nieuwe werkorganisatie en besturingsstructuur. De nieuwe werkorganisatie was helder en kon op ieders steun rekenen. Toen die eenmaal duidelijk was, pakte Erik een viltstift en tekende aansluitend op de werkorganisatie een passende besturingsstructuur. Hij kwam uit op vier bedrijfsonderdelen. In de top van die structuur tekende hij vijf directeuren. Ik was verrast en keek de directievoorzitter aan, die subiet een andere kant op keek. Wat doe je in zo'n geval als adviseur of projectleider? Laat je de verantwoordelijkheid waar die hoort, of kies je voor een open vizier in het volle besef dat je dan de kolen uit het vuur haalt waar de directievoorzitter zijn handen niet aan wilde branden?

Na enige aarzeling liep ik rustig naar het bord en tekende ik twee andere mogelijke besturingsstructuren die beiden uitkwamen op een directie van drie personen. 'Zo kan het ook,' zei ik. Erik keek me eerst woest aan, trok daarna bleek weg en zocht houvast in de vensterbank. De bespreking was daarmee afgelopen.

Een dag later kwam ik op het kantoor. De receptionist vertrouwde me toe dat ik mijn gezicht maar beter niet op de directiegang kon laten zien, want de spanning was daar te snijden en Erik had gebruld dat hij mijn beide benen zou breken als ik hem onder ogen durfde te komen. Ik besefte dat mijn eerste intuïtie juist was geweest, maar dat die me in tweede instantie in de steek had gelaten. Ik had moeten toetsen of het gesprek tussen de directievoorzitter en Erik had plaatsgevonden en wat daarvan de uitkomst was. Dat was een behoorlijke stommiteit van mij, waardoor ik Erik een onaangename verrassing had bezorgd en het leek of ik een truc had toegepast.

Met Erik werd een goede regeling getroffen en binnen drie maanden had hij een nieuwe baan als directeur bij een ander bedrijf. Zijn kwaadheid, ontkenning en neerslachtigheid hadden al snel plaatsgemaakt voor aanvaarding van de situatie en nieuwe energie om aan zijn toekomst te werken. Tussen Erik en mij is het nooit meer goed gekomen.

Emoties kunnen individueel spelen, maar ze kunnen ook in groepen opkomen zoals het geval was bij een familiebedrijf in landbouwmachines. Het was een mooi bedrijf dat al tachtig jaar bestond. In het bedrijf werd nog steeds met respect over de oprichter, de grootvader van de huidige directeur, gesproken. Ook voor de vader van de directeur was veel respect, die door velen ook als hun vader werd beschouwd. Het bedrijf had een sterke familiecultuur. Mensen kenden elkaar, hielpen elkaar en er was een sterke saamhorigheid. Conflicten leken er niet te bestaan en alles liep op rolletjes. Maar toen werd het bedrijf hard getroffen door de economische crisis en de afzet van landbouwmachines duikelde naar beneden. De directeur zag zich genoodzaakt steviger te sturen op omzet en resultaat. Afdelingshoofden kregen de opdracht om kosten te besparen, tijdelijke contracten niet te verlengen en mensen aan te spreken op hun bijdrage aan het resultaat. Onder druk van een teruglopende omzet veranderde de sfeer van een gemoedelijk familiebedrijf naar een meer zakelijke onderneming. Dat riep veel onderhuidse emotie op: 'Het is hier niet meer zo gemoedelijk als vroeger', 'Je kunt wel zien dat er een nieuwe wind waait', 'De sfeer is veel harder geworden', 'Het is onpersoonlijk sinds de nieuwe directeur is aangetreden', 'Het vertrouwde familiegevoel is weg'.

De directeur signaleerde deze zwakke signalen en nodigde op een avond alle afdelingshoofden uit. Op die bijeenkomst toonde hij een film over een constructiebedrijf dat de financiële crisis ontkende, de bestaande cultuur wilde handhaven en ongemerkt te gronde ging waardoor iedereen zijn baan verloor. De film maakte diepe indruk. Na de film vertelde de directeur in een persoonlijk en emotioneel verhaal, dat hij trots was op het bedrijf en de mensen die er werkten, dat hij trots was op zijn vader en overgrootvader en dat hij het beste met het bedrijf voorhad. Dat hij misschien niet altijd de juiste beslissingen had genomen, maar altijd had gehandeld met open vizier en met de beste intenties voor het bedrijf en de mensen die er werkten. Na deze bijeenkomst beseften de afdelingshoofden dat ze er met elkaar voor konden zorgen dat het bedrijf een toekomst had. Velen waren emotioneel toen ze de directeur bedankten voor de eerlijke bijeenkomst en zijn persoonlijke verhaal. De directeur en zijn mensen hadden elkaar gevonden en met elkaar zetten ze de schouders eronder om het bedrijf weer toekomst te geven.

Deze ervaringen hebben een aantal lessen in zich. Bij elke diepgaande verandering spelen allerlei emoties een rol, op individueel en groepsniveau. Die emoties zijn misschien niet zo zichtbaar, maar ze zijn er wel en je kunt ze voorvoelen. Gevoel voor emoties van anderen en van jezelf is essentieel om op die manier te kunnen veranderen met respect voor jezelf en de mensen om je heen. Je hebt de keuze of je jezelf laat meeslepen door de emotionele onderstroom of dat je erin gaat staan. Bij diepgaande verandering hebt je kracht en lef nodig om erin te gaan staan en de hitte op te zoeken. Harry Truman zei het al: *'If you can't stand the heat, get out of the kitchen.'*

Rust nemen en op krachten komen

Tijdens de tocht nemen we de tijd om af en toe een dag te rusten. Op deze rustdagen kijken we terug op wat we hebben gedaan en bespreken we hoe het gaat. Het helpt om stil te staan en ervaringen te delen. Als we bij onze bestemming zijn aangekomen, of een andere bestemming hebben bereikt, nemen we uitgebreider rust. We wisselen verhalen uit rond het kampvuur en delen onze belevenissen. Door terug te kijken op onze tocht leren we van onze ervaringen en ontstaat er verlangen om weer op reis te gaan.

25

Smart

Waarom je maar beter emotioneel slim dan smart kunt zijn

Als je druk doende bent met veranderen, is het verstandig om af en toe rust te nemen om te kijken hoe het veranderingsproces gaat. Dat kijken kan op vele manieren. Als je veranderen ziet als een georganiseerde reis met heldere stappen en tussenresultaten, dan kun je de voortgang meten, het liefst SMART. Planmatige veranderingen en projecten houden van Specifieke, Meetbare, Acceptabele, Realistische en Tijdsgebonden doelen. Je stuurt het project op tijd, geld, inzet en resultaat. Als je afwijkt van de beoogde doelen kun je meer tijd nemen, meer geld investeren, harder werken of iets van het resultaat afknabbelen. Een kind kan de was doen. Alleen, wat meet je eigenlijk? En vooral: wat niet?

Wat je niet meet zijn emoties en ambities van mensen. Je krijgt geen zicht op de onderstroom, de culturele dynamiek, de onzichtbare spanningen en de verborgen belangen en conflicten. Je krijgt ook geen zicht op waarom vertraging optreedt en waarom doelen niet worden behaald. Hoe kun je een proces bijsturen als je geen idee hebt wat er gaande is en waarom iets tegenzit? Bij veranderen als avontuurlijke tocht gaat het om klimaatwisselingen en onderstromen. Die kun je niet meten, wel voelen.

De verandering was goed begonnen. Er was wel wat onrust en onzekerheid maar die gevoelens waren al direct naar boven gekomen tijdens de presentatie van de directie over de komende veranderingen. Vooraf had iedereen drie vragen gekregen: Waar word ik enthousiast van? Waar heb ik een hard hoofd in? Waar heb ik een vraag over? De antwoorden waren ter plekke verzameld en geïnventariseerd en op de meest gestelde vragen had de directievoorzitter al direct antwoord gegeven. Dat gaf vertrouwen. De positieve start bleek ook uit de signalen die de leden van het veranderteam hadden opgevangen in de wandelgangen. Bij elke bespreking van het veranderteam werd eerst aandacht gegeven aan 'Ogen & Oren'. Iedereen in het team werd gevraagd welke signalen en emoties zichtbaar waren en welke geluiden waren opgevangen. De oogst in de teambesprekingen werd steeds rijker en concreter. Teamleden werden steeds alerter op zwakke signalen en knoopten praatjes aan in de koffiehoek en bij het kopieerapparaat. Tijdens de lunch gingen ze bij anderen aan tafel zitten en vroegen ze aan de tafelgenoten hoe het ging met de veranderingen. Secretaresses en receptionisten bleken ook fantastische informatiebronnen. En het hielp om af en toe eens bij de directie en de ondernemingsraad binnen te lopen.

Na een intensieve tweedaagse conferentie met alle personeelsleden hoorden we opeens een negatief geluid: 'We hebben daar wel hard gewerkt, maar er zal wel niets mee gebeuren', 'Ach, je hoort er toch nooit meer wat van', 'Ze hebben vast al een plan in de la liggen', 'Het is allemaal nep.' In het veranderteam begrepen we er niets van. De conferentie was fantastisch gelopen en had naast veel ideeën ook steun voor de verandering opgeleverd. Medewerkers hadden veel enthousiasme getoond. Hoe kon binnen een week de stemming zo omslaan? Alle ogen en oren gingen open en op allerlei plekken werden praatjes aangeknoopt. Daaruit kwam een verrassend beeld. Tijdens de conferentie lag er bij aanvang van elk dagdeel een verslag van het voorgaande dagdeel bij iedereen op de stoel. Aan dat verslag werd synchroon gewerkt tijdens het dagdeel. In de lunch of tijdens het diner werd het verslag door een speciaal team verder uitgewerkt, vermenigvuldigd en verspreid. De tweede ochtend lag er een prachtig beeldverslag met tekst klaar bij het ontbijt. Daar hadden mensen tot diep in de nacht aan gewerkt. Wat was er aan de hand?

Enthousiast door de geslaagde tweedaagse conferentie wilden we als veranderteam een heel mooi eindverslag maken met uitkomsten en vervolgstappen. We wilden de inhoud goed weergeven en ook sfeertekeningen, korte interviews en foto's opnemen. Het moest er prachtig uitzien met een goede opmaak in een mooi boekje met kleurendruk. De productie van het boekje duurde drie weken. Door de intensiteit van de informatieverstrekking tijdens de conferentie waren mensen eraan gewend geraakt om direct verslagen te krijgen en nu ze een week niets hadden gehoord ontstond er teleurstelling. Nu we eenmaal wisten waar de emotie vandaan kwam, was het eenvoudig om erop in te spelen. We waren gewoon vergeten te vertellen wat we aan het doen waren en waarom het even duurde. Met deze kennis hebben we verteld waarom het verslag even op zich liet wachten en hebben we het productieproces versneld.

Behalve het wekelijkse rondje 'Ogen & Oren' namen we als veranderteam op gezette tijden de rust om stil te staan bij het veranderproces en onszelf. Op die momenten hingen er aan de wand grote vellen papier waar iedereen zijn of haar observaties kon opschrijven die we daarna per vel bespraken. De eerste serie observaties ging over het veranderingsproces. Wat gaat goed en wat minder goed in het veranderproces? Wat zijn mogelijke barrières waarmee we rekening moeten houden? Wie steunen het veranderproces en wie misschien niet? Welke inhoudelijke knelpunten doen zich voor? De tweede serie ging over het eigen teamwerk. Hoe werken we als team? Kan iedereen zijn rol goed spelen? Kun je voldoende je ambities realiseren? Welke mogelijkheden zijn er om ons teamwerk te verbeteren? Welke tips heb je voor de projectleider en voor elkaar? De bespreking hielp enorm om de vinger aan de pols te houden, observaties en intuïties te delen en acties af te spreken.

Naast de wekelijkse thermometer en de maandelijkse barometer organiseerden we af en toe een klimaatsessie met de directie om onze observaties te delen en hun observaties en gevoelens te horen. Dat hielp ons en de directie om activiteiten op elkaar af te stemmen. En als daaruit naar voren kwam dat er meer tijd of geld nodig was, dan ging dat vanzelf, zonder enig probleem of onderhandeling.

Het is tijdens een veranderingsproces handig om aandacht te geven aan tijdsverloop, tijdsbesteding, geld en middelen. Maar SMART is dat niet. Echt slim is om aandacht te geven aan emotie en intuïtie, tijd en ritme, voortgang en tegenslag, teamrollen en teamwerk, samenwerking en tegenwerking. Alleen door aandacht te geven aan klimaatwisselingen en onderstromen kun je echt inspelen op wat er speelt.

26

Van je vrienden moet je het hebben

Over helden en schlemielen

Vol energie en enthousiasme heb ik zeven jaar bij een adviesbureau gewerkt. Met veel jonge adviseurs binnen het bureau was het vanzelfsprekend dat ik een leidende rol op me nam. Maar na zeven jaar viel de zorg voor het bureau me steeds zwaarder en de opdrachten begonnen me tegen te staan. Ik had het gevoel dat ik stilstond in mijn eigen ontwikkeling. Tijd voor verandering. Dus besloot ik het bureau vaarwel te zeggen en een nieuwe weg in te slaan.

Mijn voornemen om het bureau te verlaten, legde ik voor aan Peter. Samen hadden we voor hete vuren gestaan, hij als directielid en ik als adviseur. Iedere keer was het ons gelukt om lastige veranderingen succesvol af te ronden. Zo waren we elkaar steeds meer gaan vertrouwen en waarderen. Eigenlijk waren we elkaars buddy geworden. Als we met persoonlijke vragen worstelden, was een telefoontje genoeg om dezelfde week met elkaar af te spreken. Tijdens een etentje legden we dan onze dilemma's voor. Zo had Peter mij meerdere keren in vertrouwen genomen als hij voor lastige keuzes in zijn loopbaan stond.

Deze keer was het mijn beurt om mijn loopbaan te bespreken. We troffen elkaar in een rustig restaurant in Amsterdam en bij het hoofdgerecht vertelde ik Peter dat ik had besloten om het bureau vaarwel te zeggen.

Peinzend keek hij me aan. 'Wat maakt dat je dit besluit zo plotseling hebt genomen?'

Ik vertelde hem dat het voor mij niet plotseling was. De opdrachten begonnen steeds meer op elkaar te lijken en tijdens de uitvoering ervan leerde ik niets nieuws meer. Ik voelde me een aap die heel goed een kunstje kende en die steeds weer voor hetzelfde kunstje werd gevraagd. De uitdaging was bij mij verdwenen en dat speelde al een tijdje. Bovendien was ik het bureaumanagement zat. Het bureau had een goede reputatie en stond er financieel ook goed voor. Ik wilde mijn vleugels uitslaan. Ik vertelde ook dat ik het niet zuiver vond om de strategische koers van het bureau te verleggen omdat ik zelf was uitgekeken op de klanten, de begeleiding van fusieprocessen en de herinrichting van bedrijfsprocessen. De mensen binnen het bureau waren daar juist hartstikke goed in. Alleen had ik mijn buik ervan vol. Het leek mij het beste als ik het bureau zou verlaten zodat de mensen op hun eigen benen zouden kunnen staan.

'Hoe weet je dat de mensen op hun eigen benen kunnen staan? Vertel eens, hoeveel procent van de opdrachten en de omzet komt via jou binnen?'

Nog nietsvermoedend antwoordde ik: 'Ja, dat weet ik niet precies, ongeveer zeventig procent, denk ik.'

'Wat maakt dan dat je denkt dat de mensen op hun eigen benen kunnen staan? Hoeveel mensen werken er op dit moment binnen het bureau?'

'Zeventien.'

'En die zijn allemaal getrouwd of wonen samen en hebben kinderen?'

'Ja, op twee na.'

'Dus we praten over pakweg zestig mensen die voor hun bestaan afhankelijk zijn van het bureau,' hield Peter me voor. Ik kon er weinig tegen inbrengen. 'En als jij zeventig procent van de opdrachten binnenhaalt, halen zij dus dertig procent binnen met zestien mensen. Dat is twee procent per persoon. En jij denkt dat ze zonder probleem op hun eigen benen kunnen staan. Nou, dat denk ik dus niet.'

Mijn eetlust nam langzaam af, maar verdween volledig toen Peter nog even doorging.

'Je bent wel fijn de held van het bedrijf, hè. Dat voelt zeker heel comfortabel. En er is vast niemand die je tegenspreekt, want je hebt ze allemaal van jou afhankelijk gemaakt. Voelt dat nu lekker, die macht?' Inmiddels kon ik geen hap meer door mijn keel krijgen. 'En nu wil jij er tussenuit stappen. Je staat gewoon met de stop in je hand om die uit het bad te trekken. Weet je wat er dan gebeurt? Dan loopt het bad leeg en breng je de toekomst van zestig mensen in gevaar. Snap je wat dat doet met je reputatie als het bureau omvalt omdat jij er zomaar tussenuit knijpt? Dat je nu niet zomaar weg kan heb je aan jezelf te danken, aan niemand anders. Als je mensen van je afhankelijk maakt, ben je voor ze verantwoordelijk.'

Het was een harde les die Peter me voorhield. Mijn enthousiasme en werklust was met me op de loop gegaan. Onbewust had ik afhankelijkheden gecreëerd waarin ik zelf verstrikt was geraakt. Tijdens het nagerecht besloot ik om nog een jaar bij het adviesbureau te blijven en ervoor te zorgen dat iedereen zich bewust werd van zijn eigen kracht en zelfbewust genoeg werd om opdrachten te verwerven. Dat is gelukt en de adviseurs hebben na een jaar de leiding van het bureau overgenomen.

Deze geschiedenis heeft me nog iets geleerd: leiderschap is niet de held zijn en een voortrekkersrol nemen. Echt leiderschap draagt bij aan het versterken van de gemeenschap om haar eigen toekomst vorm te geven. Het is juist de kunst om jezelf overbodig te maken. Peter en ik zijn nog steeds goede vrienden en ik gun iedereen een vriend die je de waarheid durft te zeggen. Van je vrienden moet je het hebben.

27

Gebaande paden naar mislukking

Acht manieren om een verandering te verprutsen

 Er zijn veel lijstjes met succesfactoren voor organisatieverandering, en ook talloze stappenplannen om niet in de problemen te raken. Eigenlijk is het raar dat er weinig lijstjes zijn met actoren die relevant zijn om tot een succes te komen. En lijstjes met faalfactoren zijn helemaal zeldzaam. Wat zijn de beste manieren om een verandering te verprutsen?

Het creëren van urgentie is een goede manier om energie voor verandering te slopen, vooral als die urgentie niet echt aanwezig is of alleen wordt gevoeld bij het topmanagement. Het idee dat je een gevoel van urgentie nodig hebt, is achterhaald en gebaseerd op de onjuiste veronderstelling dat mensen alleen in beweging komen als er urgentie wordt ervaren. Urgentie duidt op falend leiderschap en niemand staat te springen om een falende leider te volgen. Te veel urgentie draagt bij aan verlamming. Druk van buiten leidt tot verdrukking. Mensen willen best veranderen, maar niet veranderd worden.

Het inschakelen van externe adviseurs is ook een goede manier om een verandering te frustreren. Het kan duiden op onvermogen van de leiding en miskent de kracht en de kwaliteit die in de organisatie zelf aanwezig is. Externe expertise kan helpen als het gaat om duidelijke problemen waarbij mensen met expertise kunnen bijdragen aan het oplossen van die problemen. Je kunt dan de verbetering uitbesteden aan externe adviseurs, die met hun standaardmodellen een standaardoplossing kunnen implementeren. Bij diepgaande verandering heb je de kennis, ervaring en betrokkenheid nodig van mensen in de organisatie. Voor de continuïteit van de verandering is het essentieel dat de ervaring niet met de externe adviseur naar buiten loopt, maar in de organisatie verankerd raakt.

Het verkopen van een pasklare oplossing helpt om creativiteit te doden en mensen afwachtend te maken. Met pasklare oplossingen ontstaat er snel scepsis: 'Het is allemaal al bedacht, dus ze zoeken het ook maar uit', 'Ja hoor, daar heb je ze weer, het is weer tijd om te bukken tot het is overgewaaid', 'Ze zijn zeker weer naar een managementconferentie geweest', 'Voor welk probleem is dit eigenlijk de oplossing?'. Bij pasklare oplossingen neemt de betrokkenheid af, behalve bij een enkele profeet die gelooft dat de oplossing het ideaal is én bij mensen die zich gedragen als goed geoliede windvanen omdat ze elke verandering een uitdaging vinden. Je kunt beter met elkaar problemen verkennen en samen naar oplossingen zoeken.

De misvatting dat je een verandering kunt managen is wijdverspreid. Vooral modellen met acht stappen zijn populair. De illusie wordt gewekt dat je door het volgen van de stappen een veranderingsproces kunt sturen en controleren en dat je daarmee succes kunt behalen. Dit geldt misschien voor veranderen als georganiseerde reis, maar niet voor veranderen als avontuurlijke tocht. Geplande en gestuurde verandering past niet bij de huidige tijd vol onzekerheid, complexiteit en turbulentie. Het gaat er veel meer om stapsgewijs je richting te zoeken en te genieten van wat je onderweg tegenkomt.

De beste manier om een verandering te laten mislukken is door het cultuurverandering te noemen. Een organisatiecultuur betreft de identiteit van een organisatie. Het gaat om diepgewortelde waarden en basisassumpties. Die verander je niet zomaar. Door te zeggen dat je de cultuur wilt veranderen, neem je mensen hun identiteit en zekerheid af. Veel cultuurveranderingsprojecten richten zich op gedragsverandering. De impliciete boodschap is dat het gedrag van de afgelopen jaren niet deugt. Dat is vragen om weerstand tegen verandering. Met eenvoudige programma's voor gedragsverandering kom je nooit bij de basisassumpties. Het is effectiever om te praten over hoe je de klantwaarde kunt versterken, en om het gesprek aan te gaan over de zijnswaarde en wat je daarvan wilt behouden en wijzigen. Als je dat gesprek zorgvuldig voert, verandert de organisatiecultuur vanzelf.

Een gemakkelijke manier om de weerstand tegen verandering te vergroten, is om mensen met weerstand aandacht te geven. Weerstand kan voortkomen uit scepsis, onzekerheid of belangenbehartiging. Als je mensen die hun weerstand negatief uiten aandacht geeft, vestig je de aandacht op hun argumenten en gevoelens. Daardoor gaan ze zich nog meer manifesteren en beïnvloeden ze anderen. Het is verstandig om weerstand serieus te nemen, maar het is onhandig om mensen met weerstand opzichtig aandacht te geven want dan volgen er al snel meer die ook aandacht willen of die zich laten beïnvloeden door de praatjes van mensen die onzeker zijn of hun belangen verdedigen.

Om de invoering van een diepgaande verandering te laten vastlopen, is het een goed idee om de implementatie over te laten aan het middenmanagement en je als leider op een nieuw initiatief te richten. Je geeft dan mensen het gevoel dat er weer een nieuwe verandering aan komt. Dat leidt ertoe dat mensen gaan afwachten welke kant het op gaat. Bovendien zal de verandering wel niet zo belangrijk zijn als je zelf je aandacht op iets anders richt, dus waarom zouden medewerkers zich dan inzetten om er een succes van te maken? Diepgaande verandering lukt alleen als je zelf als leider in de verandering zichtbaar bent en de verandering steunt.

Als veranderingen moeizaam gaan, interveniëren veel mensen waar het lastig gaat of waar het vastzit. Dat is niet altijd handig. Het is verstandiger om eerst eens te kijken waar nog ruimte zit en waar energie bestaat voor veranderen. Dat lijkt contra-intuïtief misschien, toch zit er logica in. Als er ruzie is over de inhoud, kun je maar beter niet proberen om op de inhoud je gelijk te halen. Dan is het verstandiger om het eens over de onderlinge relaties te hebben of met elkaar te delen wat ieders ambitie is en hoe je die kunt versterken. Als mensen negatieve, stereotiepe beelden over elkaar hebben, kun je een beeldenstorm doen waarin de beelden over elkaar scherp worden neergezet, maar je kunt ook eens kijken wat mensen met elkaar verbindt. Bij weloverwogen interveniëren ga je op zoek naar waar nog ruimte voor vernieuwing zit.

Kortom, als je niet wilt veranderen en je wilt toch doen alsof, dan zijn er voldoende mogelijkheden om de boel in het honderd te laten lopen. Bij veranderen is het de kunst om niet de gebaande paden te bewandelen, maar weloverwogen op zoek te gaan naar nieuwe wegen.

28

Bewustzijn

Over drie vormen van bewustzijn

Terugkijkend op de avonturen in dit boek, valt op dat succesvol veranderen gebaseerd is op drie vormen van bewustzijn: omgevingsbewustzijn, sociaal bewustzijn en zelfbewustzijn. Deze niveaus van bewustzijn dragen bij aan succesvolle verandering en aan je eigen ontwikkeling als veranderkundige. Je kunt alleen bewust zijn als je de rust neemt om naar jezelf te kijken, als je tijd hebt om aandacht te geven aan anderen en als je de ruimte neemt om waar te nemen wat er in je omgeving gaande is. Als je op avontuur bent geweest is het zinvol om daarop terug te kijken en je af te vragen wat je van het avontuur hebt geleerd, hoe de opgedane ervaringen je helpen om jezelf te verbeteren en wat je kunt doen om je goed voor te bereiden op een nieuw avontuur.

Omgevingsbewustzijn is essentieel voor succesvolle veranderingen. Je kunt alleen proactief handelen als je weet wat er speelt in de omgeving, de markt en bij je klanten. Veranderen is vooruitzien. Een blik op de toekomst creëert steun en betrokkenheid, genereert wendbaarheid en motiveert mensen om die toekomst te realiseren. Het helpt als het toekomstbeeld aansluit bij de ambities van mensen die meedoen. Een gezamenlijk toekomstbeeld geeft richting aan een verandering en genereert energie om die toekomst te realiseren. Bij omgevingsbewustzijn gaat het niet alleen om de omgeving van de organisatie waarin je werkt, het gaat ook om je directe werkomgeving en wat daar speelt. Voelhorens en antennes helpen om zwakke signalen op te vangen. Je intuïtie bedriegt je zelden, dus neem die serieus. Je ogen en oren kun je maar beter openhouden om aan te voelen wat er gaande is. Het is de kunst om zowel verbindend als beschouwend te zijn naar de organisatorische context. Waardeer culturele waarden en persoonlijke waarden van mensen, neem deze waarden serieus en beschouw ze tegelijkertijd niet als vanzelfsprekend. Ontwikkel begrip voor je eigen culturele waarden en neem die evenmin aan als vanzelfsprekend, maar ontwikkel veerkracht.

Sociaal bewustzijn betekent dat je investeert in anderen en bereid bent om je open te stellen voor ervaringen en gezichtspunten van mensen om je heen. Het is de kunst om je eigen oordeel nog even uit te stellen en eerst op zoek te gaan naar wat de ander uniek en waardevol maakt. De vraag 'wat doe ik fout dat hij zo gek doet?' kan hierbij helpen. Creëer een rijk beeld van de mensen om je heen en verdiep je in hun oorsprong, hun persoonlijke geschiedenis, onderliggende drijfveren en hun onzekerheden en angsten. Vermijd persoonlijke barrières en zorg ervoor dat je makkelijk benaderbaar en aanspreekbaar bent. Je kunt mensen versterken in wie ze zijn en wat ze kunnen bijdragen door het geven van eerlijke en positieve feedback en door het uitspreken van waardering voor inzet en geleverde bijdragen.

Tot slot zelfbewustzijn. Als leider, verandermanager, projectleider, professional en adviseur is het relevant dat je jezelf en je oorsprong kent. Het begint met het kennen en accepteren van je eigen biografie. Wat waren belangrijke plekken en gebeurtenissen in je leven, wie waren de belangrijke mensen die jou hebben gevormd tot wie je nu bent, wat zijn je angsten en waarin ben je prominent?

Het is mooi om te reflecteren op je fascinaties, wat je eigenlijk altijd al heeft beziggehouden en waar je nieuwsgierig naar bent. Wat geeft je energie en wat geeft je rust? Wat zijn je mooiste momenten waaraan je met genoegen terugdenkt? Om jezelf te leren kennen helpt het om uit je comfortzones te treden en nieuwe plekken en culturen te verkennen. In andere culturen en nieuwe ervaringen leer je jezelf kennen en ontdek je de eigenaardigheden van je eigen cultuur. Het biedt je mogelijkheden om andere perspectieven te verkennen en nieuwe mogelijkheden te zien. Vraag anderen om eerlijke feedback. Excellente leiders en professionals onderscheiden zich van middelmatige leiders en professionals doordat ze na vrijwel elk diepgaand contact aan hun gesprekspartner vragen: waarmee heb ik je geholpen en wat kan ik de volgende keer beter achterwege laten? Om jezelf richting te geven in je activiteiten zijn drie gezichtspunten van belang: Wie ben ik en wat wil ik zijn? Welke betekenis heb ik en welke betekenis wil ik in de toekomst hebben? Met wie wil ik me verbinden en hoe ik communiceer ik met anderen? Dit zijn eenvoudige vragen. De antwoorden zijn meestal wat ingewikkelder.

Omgevingsbewustzijn, sociaal bewustzijn en zelfbewustzijn komen samen in een moreel kompas. Dat kompas geeft richting aan je leven, aan je betekenis voor anderen en aan je zijn. Als leider in verandering kun je niet zonder moreel kompas. Bij veranderingen en innovaties is een moreel kompas behulpzaam in het zoeken naar richting en het creëren van ruimte. Een voorbeeld van een traditioneel moreel kompas is de filosofie feng shui. Feng shui is afkomstig uit het oude China en bestond als kompas al meer dan 3500 jaar voor de uitvinding van het magnetisch kompas. Het is gebaseerd op sterrenkunde en het werd gebruikt als middel voor oriëntatie van gebouwen en tijdens reizen. Met behulp van het kompas kan de noord-zuid- en oost-westrichting worden vastgesteld. De polariteit wordt ook verbeeld in het yin- en yang-teken. Het gaat om tegenpolen, maar ze zijn beide nodig en kunnen niet zonder elkaar bestaan. In de Chinese oudheid zijn aan de polen waarden toegekend:

- noord: wijsheid en verdraagzaamheid
- oost: humaniteit en compassie
- zuid: waardigheid en hoffelijkheid
- west: rechtvaardigheid en verzoening

Het centrum kent de waarden: waarheidzoekend en verbindend.

De waarden van feng shui zijn in wezen uniforme menselijke waarden die richtinggevend zijn voor ons handelen en die ons helpen bij een avontuurlijke reis. Het leert ons hoe je zelf en de mensen in je omgeving richting kunnen kiezen en het geluk kunnen beïnvloeden.

Bespiegelingen

In de voorgaande hoofdstukken van dit boek zijn lessen bijeengebracht over organisatieverandering die voortkomen uit de dagelijkse praktijk. Het hoofdstuk dat nu volgt, is meer conceptueel; hierin worden de lessen over organisatieverandering in een samenvattend en methodisch verhaal bijeengebracht.

De lessen in perspectief

Organisatieverandering begint met het oriënteren op de organisatie, de omgeving en de probleemdefinities die rondgaan. In de eerste oriëntatie worden relaties aangeknoopt en indrukken opgedaan over de onderlinge verhoudingen. Na dit eerste beeld wordt diepgaander gekeken wat er precies gaande is. Geleidelijk ontstaat er een steeds zuiverder beeld van de bedrijfsstrategie, de werkorganisatie, de bedrijfsprocessen, de technologische systemen en de culturele onderstroom die iets zegt over wat mensen beweegt, hoe mensen samenwerken en welke spanningen zich daarin voordoen.

Als er zicht is op de ambities en problemen, kan een richting worden uitgezet voor de verandering. De opgave is om de toekomst te verbeelden en daardoor energie te genereren voor verandering. Als je weet wat er gaande is en waar je naartoe wilt, is het de kunst om een veranderaanpak te kiezen die aansluit bij de situatie. Er is geen beste manier van veranderen en het kiezen van een passende veranderingsstrategie is een delicaat proces.

Tijdens de verandering kom je allerlei stroomversnellingen en obstakels tegen. Het is goed om hier alert op te zijn. Als je je ogen en oren openhoudt en aanvoelt hoe een verandering verloopt, kun je interventies kiezen om de verandering in goede banen te leiden. Tijd nemen voor reflectie helpt om van de verandering te leren en een nieuwe verandering aan te gaan. Zo ontstaat een continu proces van veranderinitiatieven waarmee organisaties zich kunnen kwalificeren voor de toekomst.

De opbouw van dit hoofdstuk volgt de lessen uit de eerdere hoofdstukken. Achtereenvolgens wordt aandacht gegeven aan:

1. Oriënteren en onbevangen waarnemen;
2. Diagnosticeren en het gebied doorgronden;
3. Ambitie formuleren en toekomst verbeelden;
4. Veranderingsstrategie kiezen en op pad gaan;
5. Veranderen en omgaan met het onverwachte;
6. Interveniëren en zoeken naar doorwaadbare plekken;
7. Rust nemen om te evalueren en te leren.

1 Oriënteren en onbevangen waarnemen

Veranderen begint met stilstaan. Hiermee wordt bedoeld dat het zinvol is om eerst eens goed te kijken wat er gaande is om daarna een doordachte veranderstrategie uit te zetten. Bij de oriëntering gaat het om het verkennen van de huidige situatie. Relevante vragen zijn dan:

- Waar staat de organisatie voor?
- Wat is haar maatschappelijke nut?
- Aan welke invloeden zijn die onderhevig?
- Hoe sterk is het strategische bewustzijn?
- Welke factoren zijn doorslaggevend voor het succes?
- Wat hapert er in het huidige functioneren?
- Waar komt de organisatie niet aan toe?
- Wie speelt welk spel?
- Waar loopt het lekker?
- Waar sleept het zich voort?

De kunst bij oriënteren is dat oordelen worden uitgesteld, niet te snel wordt gedacht in oplossingen, en dat gebeurtenissen vanuit meerdere gezichtspunten worden bezien. Al tijdens de oriëntering wordt begonnen met het vormen van coalities en het creëren van een draagvlak voor verandering. Het opbouwen en onderhouden van informele contacten met vertegenwoordigers en sleutelfiguren van verschillende partijen in de organisatie is een krachtig instrument om het politieke systeem in kaart te brengen en inschattingen te maken over mogelijke problemen in het verloop van het veranderproces. Het eindproduct van de oriëntering is veelal een idee voor de aanpak van het veranderproces dat volgt.

2 Diagnosticeren en het gebied doorgronden

Tijdens de diagnose worden gegevens verzameld over het functioneren van de organisatie en de mogelijkheden voor verandering. Het nut en de uitvoering van een uitgebreide diagnose zijn afhankelijk van de beelden uit de oriëntering. De inhoud en methoden van diagnosticeren zijn ook afhankelijk van de historie van het bedrijf, de klantgroepen, de producten en diensten die de organisatie levert, de bedrijfsstrategie, de omvang en opbouw van de organisatie, de wijze waarop de bedrijfsprocessen zijn vormgegeven en de samenwerkingsrelaties. De invulling van de diagnose wordt mede ingegeven door de aard en omvang van het probleem en de beschikbare tijd. Tijdens de diagnose worden activiteiten ontplooid die het veranderproces in gang zetten, zoals het inzichtelijk maken van knelpunten en het globaal bespreken van mogelijke oplossingen. Gedurende de diagnose worden ideeën en visies uitgewisseld waardoor een positieve bijdrage wordt geleverd aan het veranderklimaat. Al tijdens de diagnose wordt een draagvlak voor verandering opgebouwd. Discussie over de resultaten van de diagnose leidt bij organisatieleden tot grotere kennis over het functioneren van de organisatie en over de relatie tussen organisatie en omgeving. Vaak wordt al tijdens het bespreken van gegevens overgegaan tot het ontwikkelen en invoeren van oplossingen. De diagnose gaat veelal vloeiend over in het schetsen van een toekomstbeeld en het kiezen van een geschikte veranderaanpak.

3 Ambitie formuleren en toekomst verbeelden

Het formuleren van ambities en het verbeelden van een toekomst genereren energie voor verandering. De schets van een toekomstige situatie is afhankelijk van de uitkomsten uit de diagnose. Bij het herontwerpen van bedrijfsprocessen wordt vaak eerst een globaal organisatieontwerp vastgesteld. Dit ontwerp laat betrokkenen

voldoende speelruimte om binnen de geboden kaders tot een eigen invulling te komen. Een eerste stap is dan het bespreken van algemene criteria waaraan de nieuwe organisatie moet voldoen. Knelpunten, oplossingen, kritiekpunten en randvoorwaarden worden tijdens de diagnose zichtbaar. Op basis van deze zichtbaarheid kan het management tot concretisering van de nieuwe organisatie besluiten. De richting voor verandering wordt vervolgens door het management aan de organisatie bekendgemaakt. De voortrekkersrol van het management in de doelbepaling is essentieel voor het slagen van het veranderproces omdat zij primair verantwoordelijk is voor de afstemming tussen organisatie en omgeving en voor de inrichting van de organisatie. Veranderingen in de cultuur verlangen van het management een voorbeeldfunctie. Door actief handelen worden ideeën voor verandering sneller gewaardeerd en wordt de implementatie van de feitelijke verandering bevorderd.

4 Veranderingsstrategie kiezen en op pad gaan

Er bestaat geen *beste* manier van veranderen. De keuze voor een strategie is afhankelijk van culturele en situationele factoren. Het kiezen van een veranderingsstrategie is misschien wel de lastigste opgave in organisatieverandering. Hieronder zijn zes strategieën uitgewerkt:

Planmatige strategie
In de planmatige strategie wordt het probleem van de organisatie als bekend verondersteld en ligt het accent op het ontwerpen van een nieuwe organisatie. Het management initieert en stuurt de veranderingen. Deskundigen en adviseurs spelen een rol in de probleemanalyse en bij de implementatie van de veranderingen. De verandering is een eenmalig project met een duidelijk doel en eindpunt. Het veranderproces wordt beëindigd als de nieuwe organisatie is ingevoerd en een stabiele eindsituatie is bereikt. Voor eventuele meningsverschillen is weinig ruimte en als die zich voordoen worden ze ontkend of terzijde geschoven. De implementatie richt zich op het aanvaardbaar maken van de nieuwe organisatie en het zoeken naar oplossingen voor weerstanden tijdens de implementatie. De planmatige strategie kan worden gezien als een expertaanpak. De aanpak is doelgericht met inbreng van specialisten en experts.

Ontwikkelingsstrategie
De ontwikkelingsstrategie ziet organisaties als een bron van kennis en ervaring. Daar kan tijdens het veranderproces gebruik van worden gemaakt. Veranderingen worden geleidelijk gerealiseerd en organisatieleden zijn betrokken bij het volledige veranderingsproces. Deskundigen bieden ondersteuning vanuit hun ervaring met veranderprocessen. Het besluitvormingsproces richt zich op het bereiken van gemeenschappelijke doelen door communicatie en onderhandeling. Het verandervermogen van de organisatie wordt vergroot door organisatieleden te betrekken bij de probleemanalyse en hen te stimuleren om veranderingen zelfstandig vorm te geven. De ontwikkelstrategie is zinvol in situaties waarin de problematiek nog niet helder is en de koers van de verandering niet geheel duidelijk is. De ontwikkelingsstrategie kan worden gebruikt als een participatieve strategie met inbreng van medewerkers.

Machtsstrategie
In een machtsstrategie definieert het topmanagement de doelstellingen en stuurt zij de verandering. Het geven van een opdracht voor een reorganisatie is een voorbeeld van een machtsstrategie. Vaak gaat het om resultaatverbetering en kostenreductie. De realisatie van de verandering wordt opgedragen aan het middenmanagement. De machtsstrategie gaat ervan uit dat mensen gericht zijn op eigenbelang. De uitoefening van macht en het dreigen met sancties is dan nodig om gewenst gedrag af te dwingen. De uitoefening van macht roept vaak tegenkrachten op. Dit leidt tot invoeringsproblemen. De machtsstrategie is alleen bruikbaar als de topmanager ook daadwerkelijk macht heeft over mensen in de organisatie en als de doelstellingen concreet zijn én gecontroleerd kunnen worden. Op de korte termijn kan een machtsstrategie leiden tot verandering van structuur en wijziging van managementposities. Cultuurveranderingen zijn niet af te dwingen en ook werkprocessen zullen met een machtsstrategie niet snel veranderen. De langetermijnresultaten bij een machtsstrategie zijn pover.

Onderhandelingsstrategie
In de onderhandelstrategie zoeken partijen naar resultaten die voor alle betrokken partijen bevredigend zijn. Het gaat vaak om onderhandeling tussen partijen die een stevige en ongeveer even sterke uitgangspositie hebben en in staat zijn om een verandering te blokkeren. De strategie gaat ervan uit dat mensen kosten-baten-afwegingen maken en instemmen met een verandering als er voordeel kan worden behaald. In het onderhandelingsproces worden feiten en voorbeelden gebruikt om anderen te overtuigen van nut en noodzaak van de verandering. Elk veranderproces kent momenten van onderhandeling, bijvoorbeeld tussen directie en ondernemingsraad

of tussen twee fusiepartners die beiden hun positie ten opzichte van elkaar proberen te verhelderen.

Leerstrategie
Het idee achter de leerstrategie is dat mensen handelen op basis van aannames, emoties, gevoelens en onbewuste patronen. Als mensen zich bewust worden van deze aannames en patronen ontstaat er ruimte voor leerprocessen waarin mensen hun gedrag veranderen. De leerstrategie is gericht op het ontdekken van blokkerende emoties en patronen. De gedachte is dat leren plaatsvindt in een cyclisch proces waarin concrete ervaringen worden gevolgd door reflectief observeren van deze ervaringen. Vervolgens worden deze reflecties geanalyseerd en verwerkt in nieuwe concepten en interpretaties van de werkelijkheid. Door het herkennen en verwerken van beperkende overtuigingen kunnen nieuwe beelden ontstaan van de werkelijkheid. In culturele veranderingen is er bijna altijd aandacht voor leerprocessen. De leerstrategie wordt zelden op zichzelf gebruikt en vrijwel altijd gecombineerd met andere veranderingsstrategieën waarbij de ontwikkelingsstrategie en dialoogstrategie het meest voor de hand liggen.

Dialoogstrategie
In de dialoogstrategie komt verandering op gang door het uitwisselen van ideeën over organiseren, veranderen en innoveren. Het gaat om het achterhalen van vraagstukken en het zoeken naar nieuwe mogelijkheden. De strategie gaat ervan uit dat mensen verantwoordelijkheid willen nemen en iets tot stand willen brengen. De gedachte is ook dat mensen willen samenwerken en zich willen ontwikkelen. Door in dialoog te gaan met elkaar proberen mensen complexiteit begrijpelijk en overzichtelijk te maken. Samen zoeken ze naar nieuwe mogelijkheden om de toekomst vorm te geven. Deze aanpak leidt in de meeste gevallen tot

positieve effecten voor klanten. Het verandervermogen is hoog omdat mensen in de organisatie leren om veranderingen op eigen kracht vorm te geven. Deze aanpak kan worden gekozen als mensen uit meerdere organisaties willen samenwerken om iets nieuws te maken. Ondanks de positieve ervaringen met deze strategie kiest maar een klein deel van de managers voor deze aanpak om veranderingen op gang te brengen.

5 Veranderen en omgaan met het onverwachte

De feitelijke verandering kenmerkt zich door verdere uitwerking en invoering van de gewenste situatie. Strategische vernieuwing vergt een subtiel samenspel van interne en externe actoren. Het gaat om de maatschappelijke betekenis van de onderneming en om het zoeken naar nieuwe wegen om die betekenis te realiseren. Nieuwe strategische concepten en manieren van werken ontwikkelen zich geleidelijk. Stapsgewijs wordt uitwerking gegeven aan bedrijfsstrategie, bedrijfsprocessen, werkprocessen, taken van afdelingen, relaties tussen afdelingen, overlegvormen en benodigde opleidingen. Innovatieprocessen verlopen meestal schoksgewijs met versnellingen en vertragingen. Er wordt ruimte geboden voor vernieuwende experimenten door mensen die elkaar weten te vinden. Culturele veranderingen zijn een kwestie van lange adem en het keer op keer bespreekbaar maken van wat er gaande is, wat relevant en irrelevant is en hoe onbekende situaties het beste tegemoet getreden kunnen worden.

In elk ingrijpend veranderproces ontstaan spanningen tussen mensen met verschillende achtergronden, posities en ervaringen. Op enig moment kunnen conflicten ontstaan over de te kiezen richting. Deze conflicten zijn gebruikelijk en kunnen bijdragen aan de creativiteit in het zoeken naar nieuwe mogelijkheden. Als de conflicten niet serieus worden genomen is de kans groot dat ze gaan uitmonden in een blokkade. Het onderkennen en onderzoeken van spanningen en conflicten is daarom essentieel in een proces van organiseren, veranderen en vernieuwen. Tijdens de verandering worden interventies gebruikt om de verandering in goede banen te leiden.

6 Interveniëren en zoeken naar doorwaadbare plekken

Interventies zijn concrete activiteiten die de effectiviteit van een organisatie helpen vergroten en veranderingen ondersteunen. Tijdens veranderprocessen wordt gebruikgemaakt van specifieke interventies gericht op organisaties als geheel, op groepen en op individuen. Ook worden interventies gebruikt om het veranderproces soepel te doen verlopen en weerstand te voorkomen. Er zijn enorm veel interventies beschikbaar. De keuze van een interventie is afhankelijk van de aard van het vraagstuk, de omvang van de organisatie en het organisatieniveau. Interventies kunnen de hele organisatie als vertrekpunt nemen, of zich richten op afdelingen, specifieke groepen of individuen.

In mijn boek *Leiders in cultuurverandering* worden meer dan vijftig interventies beschreven met voorbeelden, theoretische achtergronden en praktische handreikingen.

7 Rust nemen om te evalueren en te leren

In evaluaties wordt nagegaan welke voortgang is geboekt, welke resultaten zijn bereikt en hoe deze resultaten zijn behaald. Bij het evalueren van voortgang en resultaten is het wenselijk om inzicht te hebben in de situatie voorafgaand aan de verandering. Een zorgvuldige diagnose is ook om deze reden gewenst. De evaluatie van het veranderproces heeft tot doel om te leren van de verandering. Door het inventariseren van ervaringen en het bespreken van opgedane leerervaringen wordt inzicht verkregen in het realiseren van veranderingen en de succesfactoren die daarin een rol spelen. Daarmee wordt bijgedragen aan het verandervermogen van mensen in de organisatie.

Succesvol veranderen

Tot slot wil ik nog stilstaan bij succesfactoren voor verandering. Veel van de voorgaande lessen zijn hierin te herkennen. Een duidelijke missie en een heldere strategische koers zijn essentieel om mensen in de organisatie een toekomstperspectief te bieden. Doordat omgevingsveranderingen en markteisen expliciet worden gemaakt, ontstaat er een extern perspectief op veranderen. Dit externe perspectief is voor mensen vaak herkenbaar en helpt om de aanleiding voor veranderen niet in het eigen falen te zoeken. Als de toekomstvisie nog niet helder is, verdient het aanbeveling om in het veranderproces specifieke aandacht te geven aan strategieontwikkeling. Maar alleen aandacht voor strategie is onvoldoende. Organisaties zijn complexe systemen waarin relaties bestaan tussen strategie, structuur, cultuur, technologie en menselijk gedrag. Bij fundamentele verandering gaat het erom de organisatie als geheel in beweging te krijgen. Succesvol veranderen betekent dat er aandacht is voor de hardere kanten, zoals de strategie, de structuur en de technologie, en voor de minder harde kanten, zoals cultuur, leidinggeven en samenwerkingspatronen. De minder harde kanten zijn het minst grijpbaar en het meest hardnekkig als het om veranderen gaat.

Een gedeelde probleemervaring is behulpzaam in elke verandering. Bij ernstige crisis is het de taak van het management om de ernst van de situatie duidelijk te maken en vertrouwen te geven dat harde ingrepen het voortbestaan van de organisatie veiligstellen. Als de organisatie niet in crisis verkeert en er voldoende tijd is voor verandering, dan is het mogelijk om tot een gezamenlijke probleemervaring te komen. De bereidheid tot veranderen neemt snel toe als mensen in de organisatie problemen ervaren en energie willen stoppen in het oplossen daarvan.

Een inspirerende leider die het veranderproces actief steunt, draagt in sterke mate bij aan een soepel verloop van de verandering. Actieve steun vanuit de top is nodig om ingrijpende veranderingen te realiseren. Alleen op dit niveau kunnen beslissingen worden genomen over structurele, culturele en technologische vernieuwingen. Bovendien vervult het topmanagement een voorbeeldfunctie in de ontwikkeling van nieuwe culturele waarden. Als het topmanagement onvoldoende als team functioneert is het nodig om binnen de directie eerst te werken aan teamontwikkeling. Ook het middenmanagement speelt bij verandering een belangrijke rol. Veranderingen worden door leidinggevenden vaak gezien als een boodschap dat hun leiderschap niet voldoet. Hierdoor kan verandering worden gezien als een persoonlijk falen. Tijdens de diagnose is het daarom verstandig om de problemen waarmee leidinggevenden zelf worstelen, bespreekbaar te maken. Leidinggevenden spelen ook een betekenisvolle rol in de communicatie over de veranderingen. Bij hen komen vaak als eerste de vragen terecht van medewerkers over het verloop van het veranderproces. Om goed op deze vragen in te spelen is het nodig dat leidinggevenden goed op de hoogte zijn van de koers, de aanpak en het verloop van de veranderingen. Bij het vormgeven van de nieuwe organisatie is actieve betrokkenheid van leidinggevenden een vereiste. Managementopleidingen over veranderprocessen kunnen daarbij ondersteunend werken.

Heldere ambities voor de verandering zijn nodig om richting te geven aan de verandering en om energie te mobiliseren. Het formuleren van ambities betekent niet dat het veranderingsproces al vastligt. Het is zinvol om ook de aanpak van de verandering te expliciteren. Communicatie over de richting en aanpak van de verandering is essentieel. Deze communicatie kan op vele manieren worden vormgegeven: in presentaties voor het hele bedrijf, in discussiebijeenkomsten en in bestaande overlegvormen. Ook schriftelijke informatie kan helpen om de doelen voor verandering te verhelderen. Helderheid over de aanpak reduceert onzekerheid en draagt bij aan realistische verwachtingen over het procesverloop. Communicatie stimuleert het veranderpotentieel omdat de uitwisseling van ideeën wordt aangemoedigd. Een gebrek aan informatie over de verandering kan leiden tot onzekerheid en wantrouwen en daarmee de veranderbereidheid tenietdoen. Voor het verstrekken van informatie bestaan veel mogelijkheden, zoals bedrijfspresentaties, bedrijfsjournaals, informatie in het bedrijfsblad, specifieke bulletins en het geven van informatie aan klanten. Het uitwisselen van informatie kan in conferenties, werkgroepen en informatiebijeenkomsten, videoconferenties en computeranimaties.

Er is geen beste manier van veranderen. Iedere keer is het de kunst om een bewuste keuze te maken voor een specifieke veranderaanpak die aansluit bij het vraagstuk en de situatie. Het verduidelijken van deze keuze kan het veranderproces versoepelen omdat mensen dan beter weten waar ze aan toe zijn en wat van hen wordt verwacht. Een ontwerpaanpak heeft de voorkeur als de organisatie in een crisis verkeert en een afbouwproces nodig is. Een ontwikkelingsaanpak verdient de voorkeur als de organisatie streeft naar versterking van flexibiliteit en innovatief vermogen. Het blijkt soms lastig om met een zuivere ontwikkelingsaanpak tot fundamentele vernieuwing te komen. Dit kan worden opgelost door afwisselend gebruik van de ontwerp- en ontwikkelstrategie. Naarmate het proces vordert, komt het accent steeds meer op de ontwikkelingsbenadering te liggen. De dialoogstrategie is zeer geschikt bij ambigue problemen en onvoorspelbare gebeurtenissen. Deze strategie past ook goed als meerdere organisaties willen gaan samenwerken in netwerken of allianties.

150 Tijdens het veranderproces is het wenselijk die barrières te inventariseren die een effectieve invoering van veranderingen in de weg staan. Belemmeringen kunnen liggen in de bestaande strategie, structuur, cultuur, technologie en het politieke systeem. Barrières kunnen ook voortkomen uit eerdere veranderprocessen die niet succesvol waren, waardoor een gebrek aan vertrouwen is ontstaan dat wezenlijke veranderingen mogelijk zijn. Het bespreekbaar maken van deze ervaringen versterkt het idee dat de organisatie wil leren van gemaakte fouten en nu een andere aanpak wil kiezen. Zonder twijfel wordt de huidige wijze van management als een belemmering genoemd voor verandering. Het vergt van het management lef om deze barrières open te bespreken en na te gaan hoe belemmeringen kunnen worden opgeheven. Voor een succesvolle verandering is het nodig om rekening te houden met belangengroepen in de organisatie, hun doelen, hun machtsbronnen en hun machtsrelaties. Sluimerende machtsconflicten leiden tot verstarring van de besluitvorming. Machtsproblemen in de top van de organisatie kunnen veranderingen blokkeren. Veranderen is lastig zolang bestaande conflicten niet worden opgeruimd en er onduidelijkheden blijven bestaan over de machtsverdeling. Macht kan ook positief worden aangewend om conflicten op te lossen, coalities aan te gaan en mogelijkheden voor samenwerking te vergroten. Een machtspositie kan ook

worden gebruikt voor het overdragen van inspirerende visies waardoor enthousiasme ontstaat en energie wordt opgewekt om te veranderen.

Actieve betrokkenheid van organisatieleden draagt bij aan een succesvol verloop van veranderprocessen. Betrokkenheid kan worden gerealiseerd door te inspireren en te consulteren. Inspireren draagt bij aan het bieden van een toekomstperspectief. Consulteren leidt ertoe dat betere oplossingen voor problemen worden gevonden. Door actieve betrokkenheid in het veranderproces doen organisatieleden ervaring op met veranderprocessen. Daardoor kunnen zij steeds makkelijker veranderingen op eigen kracht vormgeven en flexibel reageren op veranderende omstandigheden. Leren vindt plaats in alle veranderprocessen. Bij diepgaand leren in organisaties worden nieuwe visies op organiseren uitgewisseld en gevormd. In dialoogsessies kunnen perspectieven op problemen worden uitgewisseld. Zoekconferenties zijn behulpzaam bij het ontwikkelen van een gemeenschappelijke visie op de toekomst en bij het vertalen van deze visie naar de wijze van organiseren. Ontwerpconferenties kunnen het herontwerpproces ondersteunen. Het leervermogen van een organisatie wordt vergroot door openheid aan te moedigen en te waarderen, en door verschillende perspectieven op toekomstmogelijkheden te stimuleren.

Een stapsgewijze veranderaanpak helpt om afstemming en coördinatie binnen het veranderingsproces mogelijk te maken. Het is wenselijk om in het proces rustmomenten in te bouwen waarop het veranderproces zelf wordt bestudeerd en kan worden bijgesteld. Opleidingen kunnen het invoeringsproces vergemakkelijken en reflectie op de aanpak van veranderingen stimuleren. De opleiding moet praktische ondersteuning bieden in de dagelijkse werkzaamheden en aansluiten bij de behoefte van deelnemers. In specifieke opleidingen voor leidinggevenden kunnen zij elkaar ondersteunen bij het realiseren van veranderingen en nieuwe manieren van leidinggeven. Bij gedragsverandering is het essentieel dat medewerkers en leidinggevenden samen hun vaardigheden verbeteren. Juist deze gezamenlijke activiteit kan helpen bij de manier waarop mensen in de organisatie samenwerken en resultaten behalen.

Het einde van een reis

We zijn aan het eind gekomen van een reis door een veranderend landschap. Ik hoop dat de reis en de terugblik op deze reis bijdraagt aan het succes van mensen die initiatief nemen, op pad gaan en hun bestemming bereiken, in het besef dat de reis misschien wel mooier is dan de uiteindelijke bestemming. Veel succes met uw veranderingsproces en de avonturen die daarin besloten liggen.

Literatuur

154 De verhalen en lessen in dit boek komen voort uit mijn eigen werkpraktijk en reflectie op mijn rol in veranderprocessen. Tijdens mijn loopbaan heb ik inspiratie gevonden in de samenwerking met anderen en in allerlei studies en boeken. Hieronder vind je een selectie van auteurs en collega's die me hebben geïnspireerd. Ik ben hun dank verschuldigd voor wat zij hebben bijgedragen aan mijn inzichten. Wellicht kunnen ze ook voor anderen een inspiratiebron zijn.

In onderstaand overzicht heb ik ervoor gekozen om per etappe eerst enkele literaire inspiratiebronnen op te nemen. Na de Nederlandstalige literatuur volgen Nederlandse vakpublicaties, gevolgd door meer wetenschappelijke literatuur. Ik heb zo veel mogelijk gekozen voor Nederlandstalige uitgaven, maar ik ontkom er niet aan om ook Engelstalige werken op te nemen die voor mij bijzondere waarde hebben.

Oriëntatie op het gebied

Antoine de Saint-Exupéry, *De kleine prins*. Donker, 2010.
Lewis Carroll, *Alice in Wonderland*. Rubinstein, 2013.
Maurice Merleau-Ponty, *De wereld waarnemen*. Boom, 2003.
David Erlanson & Edward Harris, *Doing Naturalistic Inquiry*. Sage, 1993.
David Cooperrider & Diana Whitney, *Appreciative Inquiry*. Berrett-Koehler, 2005.
Yvonna Lincoln & Egon Guba, *Naturalistic Inquiry*. Sage, 1985.
Anselm Strauss & Juliet Corbin, *Grounded Theory in Practice*. Sage, 1997.

Russell Bernard, *Research Methods in Anthropology*. AltaMira Press, 2011.

Het gebied doorgronden

Paulo Coelho, *De alchemist*. Arbeiderspers, 2013.
Louise van Swaaij & Jean Klare, *Atlas van de belevingswereld*. Meteor Press, 2007.
Peter Camp, *De kracht van de matrix*. Business Contact, 1997.
Gareth Morgan, *Beelden van organiseren*. Scriptum, 1994.
Geert Hofstede & Geert Jan Hofstede, *Allemaal andersdenkenden*. Business Contact, 2005.
Rob van Es, *Veranderdiagnose. De onderstroom van organiseren*. Kluwer, 2008.

Jaap Schaveling, Bill Bryan & Michael Goodman, *Ontdekken van organisatiepatronen*. Academic Service, 2012.
Michael Harrison, *Organisatiediagnose. Methoden, modellen, processen*. Van Gorcum, 1990.
Charles Handy, *Understanding Organizations*. Penguin Books, 1978.
Kim Camaron & Robert Quinn, *Diagnosing and Changing Organizational Culture*. Jossey-Bass, 2011.
Noel Tichy, *Managing Strategic Change. Technical, political and cultural dynamics*. Wiley, 1983.

Ambities verbeelden

Nelson Mandela, *De lange weg naar de vrijheid*. Olympus, 2012.
Jean Giono, *De man die bomen plantte*. Van Arkel, 2002.
Melvin Burgess, *Billy Elliot*. Chicken House, 2001.
Jeroen Busscher, *De kracht van de roze bril*. Business Contact, 2013.
Arie de Geus, *De levende onderneming*. Scriptum, 1997.
Alexander Osterwalder & Yves Pigneur, *Business model generatie*. Kluwer, 2010.
Arnold Cornelis, *De logica van het gevoel*. Boom, 2007.
Wim van Dinten, *Met gevoel voor realiteit*. Eburon, 2003.
Otto Scharmer & Katrin Kaufer, *Leiden vanuit de toekomst*. Christofoor, 2013.
Philip Idenburg, *Oog voor de toekomst*. Scriptum, 2004.

Kees van der Heijden, *Scenarios. The art of strategic conversation*. Wiley, 2005.
Marvin Weisbord, *Discovering Common Ground*. Berrett-Koehler, 1992.
Daniel Goleman, *Ecological Intelligence*. Broadway Books, 2009.
John Hoyle, *Leadership and Futuring. Making visions happen*. Corwin, 2006.

Reizen door het onbekende

Robert Pirsig, *Zen en de kunst van het motoronderhoud*. Prometheus, 2013.
Magnus Mills, *De verkenners van de nieuwe eeuw*, Podium, 2005
Eduardo Mendoza, *De stad der wonderen*. Meulenhoff, 2013.
Jan Brokken, *Baltische zielen*. Atlas Contact, 2010.
William Irwin, *The Matrix and Philosophy*. Open Court, 2002.
Jaap Boonstra, *Leiders in cultuurverandering*. Van Gorcum, 2014.
Léon de Caluwé & Hans Vermaak, *Leren veranderen*. Kluwer, 2006.
Thijs Homan, *Organisatiedynamica. Theorie en praktijk van organisatieverandering*. Sdu, 2005.
Henry Mintzberg, Bruce Ahlstrand & Joseph Lampel, *Op strategie-safari*. Scriptum, 2001.
Jaap Boonstra, *Dynamics of Organizational Change and Learning*. Wiley, 2004.
Michael Beer & Nitin Nohria, *Breaking the Code of Change*. Harvard Business School Press, 2000.

Omgaan met het onverwachte

Haruki Murakami, *Kafka op het strand*. Olympus, 2013.
J.R.R. Tolkien, *De Hobbit*. Boekerij, 2014.
Paul Theroux, *De Benedenrivier*. Atlas Contact, 2013.
Theo van der Veer, *Gilgamesj. De mens in verzet tegen zijn noodlot*. De Driehoek.
Jaap Boonstra, *Verhalen van mensen die initiatief nemen in diepgaande verandering*, 2014. www.jaapboonstra.nl/publicaties/casescultuurverandering.

Hans Vermaak, *Plezier beleven aan taaie vraagstukken*. Kluwer, 2009.
Walter Baets, *Wie orde zaait zal storm oogsten*. Van Gorcum, 2002.
Manfred van Doorn, *Het wiel opnieuw uitvinden*. Double Helix, 2012.
Arend Ardon, *Doorbreek de cirkel*. Business Contact, 2011.
Willem Mastenbroek, *Conflicthantering en organisatieontwikkeling*. Kluwer, 2003.
Henk van Dongen, Wim de Laat & Alexander Maas, *Een kwestie van verschil*. Eburon, 1996.
Edgar Schein, *Procesadvisering*. Academic Service, 2005.

Peter Senge, *De vijfde discipline*. Academic Service, 1992.
Ralph Stacey, *Strategic Management and Organizational Dynamics*. Pearson, 2003.

Zoeken naar doorwaadbare plekken

Mahatma Gandhi, *The Story on my Experiments with Truth*. Create Space, 2012.
J.R.R. Tolkien, *In de ban van de ring*. Boekerij, 2011.
Jon Krakauer, *De wildernis in*. Prometheus, 2013.
Ildefonso Falcones, *De kathedraal van de zee*. Sijthoff, 2007.
Jaap Boonstra, *Lopen over water*. Vossius Pers, 2000.
Jaap Boonstra & Léon de Caluwé, *Interveniëren en veranderen*. Kluwer, 2006.
Robert Quinn, *Diepgaande verandering*. Academic Service, 2006.
Arienne van Staveren, *Zonder wrijving geen glans*. Van Gorcum, 2007.
Jaap Peters & Rob Wetzels, *Niets nieuws onder de zon. Strategie uit Chaos*. Business Contact, 2003.
Tom Cummings & Christopher Worley, *Organization Development and Change*. Thompson, 2008.
Wendell French & Cecil Bell, *Organization Development*. Prentice Hall, 1998.
Edgar Schein, *Organizational Culture and Leadership. A dynamic view*. Wiley, 2010.

Rust nemen en op krachten komen

Jan Brokken, *Zeedrift*. Atlas Contact, 2009.
Douwe Draaisma, *Waarom het leven sneller gaat als je ouder wordt*. Historische uitgeverij, 2001.
Geoffrey Chaucer, *De verhalen van Canterbury*. Athenaeum, 2009
Christine Otten, *Om adem te kunnen halen*. Atlas Contact, 2013.
René Ten Bos, *Stilte, geste, stem*. Boom, 2011.
Arnold Cornelis, *Rustpunten voor de geest*. Boom, 2000.
Willem de Liefde, *African Tribal Leadership voor managers*. Kluwer, 2007.

Suzanne Tesselaar & Annet Scheringa, *Storytelling Handboek*. Boom, 2008.
Guido Rijnja & Ton van der Jagt, *Storytelling*. Adfo Groep, 2004.
Donald Schön, *The Reflective Practitioner*. Basic Books, 1984.
Etienne Wenger, *Communities of Practice. Learning, meaning and identity*. Cambridge University Press, 2000.
Peter Checkland & John Poulter, *Learning for action*. Wiley, 2007.

Over de auteur

Jaap Boonstra is hoogleraar Leiderschap en organisatieverandering aan de Universiteit van Amsterdam en bij Esade Business School in Barcelona. Als adviseur ondersteunt hij leiders en managers in organisaties om een succes te maken van de veranderingen die zij voor ogen hebben. Hij is auteur van onder meer *Leiders in cultuurverandering*.

'Dit boek leest als een avonturenroman. Boonstra neemt je mee naar board rooms, achterstandswijken, zaaltjes en wandelgangen. Zijn ontboezemingen laten concreet zien wat hij meemaakt, waar hij tegen aanloopt en hoe hij uitwegen zoekt. Het is ontroerend, hoopgevend, nu en dan pijnlijk maar altijd lerend. Een aanrader voor wie een glimp in de keuken van de actuele veranderkunde zoekt.'

Joep Schrijvers, universitair docent, organisatieadviseur en publicist van *Hoe word ik een rat* en *Maak er wat van*

'Jaap Boonstra neemt je aan de hand langs zijn rijke veranderervaringen. Vanuit de praktijk, heel persoonlijk en met doorleefde nieuwe inzichten over verandermanagement. Er is geen ontkomen aan. Jaap brengt het verandervak tot leven.'

Arend Ardon, vennoot Holland Consulting Group, auteur van *Doorbreek de cirkel*

'Dit boek bevat een paradoxale tekst vol kleine verhalen met een grote betekenis. Achter de schijnbaar losjes geformuleerde verhaaltjes gaan telkens strak opgeschreven lessen en een heldere moraal schuil. De persoonlijke verhalen lezen snel maar vragen tijd van de lezer om goed te verteren en er eigen ervaringen mee te verbinden.'

Mark van Twist, bestuurder en decaan NSOB, hoogleraar bestuurskunde

'Een mooie verzameling korte verhalen van Jaap Boonstra uit zijn veranderpraktijk: eerlijk, toegankelijk, herkenbaar en leerzaam. Boeiend voor alle collega´s en ook voor opdrachtgevers.'

Rob van Es, universitair onderzoeker, adviseur en auteur van *Veranderdiagnose* en *Professionele ethiek*